湘魂的摇篮

湘西古寨

谭建华 著

湖南地图出版社·长沙

图书在版编目（CIP）数据

湘西古寨/谭建华著. --长沙：湖南地图出版社，2022.6
（湘魂的摇篮）
ISBN 978-7-5530-1018-2

Ⅰ.①湘… Ⅱ.①谭… Ⅲ.①村落－介绍－湘西地区 Ⅳ.①K926.45

中国版本图书馆CIP数据核字(2022)第040841号

湘 魂 的 摇 篮　　湘 西 古 寨
XIANGHUN DE YAOLAN　XIANGXI GUZHAI

作　　者：谭建华
出　　品：柏青堂
封面设计：鲜于圣哲
版式设计：谭馨
责任编辑：蒋秀芝
地图编辑：黄爱姣
出　　版：湖南地图出版社
发　　行：湖南地图出版社
地　　址：长沙市天心区芙蓉南路四段158号
邮　　编：410118
印　　刷：湖南省日大彩色印务有限公司
开　　本：787×1092　1/12
印　　张：34.75
印　　数：1—1000
字　　数：1200千
版　　次：2022年6月第1版
印　　次：2022年6月第1次
书　　号：ISBN 978-7-5530-1018-2
定　　价：298.00元

凤凰县 凉灯苗寨（作者）

作者 谭建华　网名 古钱

中国摄影家协会会员，《中外建筑》杂志社原社
长。1951 年生，湖南省安仁县人。

15 年间（2006—2021），足迹遍及湖南省的 80
多个县（市），800 多个古村，记录消失与正在消失
的古村格局、风物风貌、建筑特色、生命场景、历史
遗存。

微信号：tjh19510217

通道侗族自治县 黄寨侗寨

真正美丽的湘西，藏在她的寨子里

——湘西古寨拍摄随记

有 个清凉寒冷的词，在苗语叫"寨"。湘西人，无论是苗族、侗族、土家族，还是汉族和其他民族，都习惯把村落叫作寨子，把自己的村庄说成"我屋的寨子"。寨子，自然是湘西人的居所，赖以生存的承载体，也是湘西人的根基所在，是这片土地浓郁风情与厚重文化的孕育地。

如今的湘西，大都叫大湘西，湖南西部的 28 个县，有 15 个县与鄂、渝、黔、桂四省（自治区、市）交界，境内多山多水，沟壑纵横，溪河密布，峰峦起伏，土地贫瘠，是少数民族聚集地，历朝皆属统治薄弱和经济与文化落后区域。正因为如此，那一方山水与"寨子"才得以生存并世代传承。

"八山一水一分田"是湘西地貌最大的特点，而古村山寨大多靠山而建，临水而筑，世世代代驻留于大山与时代的边缘，逐渐形成了极具特色的村落。从远古时的苗族祖先蚩尤、土家族祖先八部大王和侗族祖先百越一支开始，千百年来，他们在湘西的寨子里刀耕火种，繁衍生息，逐渐形成了属于自己民族的民居、民风、民情、民俗，进而形成了各具鲜明特色的民族文化。湘西古寨的这种文化底蕴，不仅极其深厚，而且属于自己所特有。

从 2008 年至今，专注于湖南古村落的拍摄，湘西是我眷顾最多的地方，走村串寨，跋山涉水，风餐露宿，甚至踏冰卧雪，乐此不疲，就源于被这片神秘的土地所感动，被深藏这里的民族文化所吸引。湘西，是山水、人文造就了她的容貌。自古以来，湘西特殊的地理位置和多种文化的碰撞，形成了形态各异、丰盈多姿、和而不同的湘西文化，而湘西寨子作为湘西民族文化最重要的表现形式，既是镶嵌在山水间的诗化风景线，也是民族文化产生的发祥地。

寨子里的建筑或傍山而建，或倚水而立，与大自然紧密相融，这种特有的建筑既吸收了江浙、安徽和湘中湘东湘南地区建筑的元素，又传承了湘西楚巫文化的历史遗风，形成了北部以土家族分布为主、中部以苗族分布为主、南部以侗族分布为主的多民族居住地。苗族、土家族、侗族居住的"干栏式"吊脚楼，凤凰腊尔山地区为中心一带苗人居住的"土屋"和怀化地区集经商与居住为一体的"窨子屋"，都深深地打上了自己的地域特色和传统民居烙印，形成了湘西本土文化所特有的建筑符号。

有的民族由于明清以来长期处于与朝廷对抗的状态，他们在选址时，首先考虑的是山寨地理位置的隐蔽性及防御性，有的建在大山的山脚处、山窝里，有的建在绝壁孤峰上，外面根本看不到或无法进去。也正如此，这些寨子得以完整地保存下来。

会同县 高表侗寨

　　湘西苗寨，有依山型和傍水型两种，或建立在向阳的山脊、山坡，或选择山脚下有水流的地方，大多成群成组地沿山脉等高线横向排列，有一定规律，只有少许的山寨房屋比较零散零乱，这是历史形成的。他们为躲避战乱，把寨子建在山谷中，两边看不到，只有走到近前，才会猛然发现；也有些建在险要的山顶，与世隔绝。苗族大多同姓聚居，通常是一个或几个主要姓氏。他们有自己的语言即苗语，但无文字，通过口口相传，代代传诵。正是这些散落在大山之中的苗寨，承载着苗族丰富的文化，保存了自己的民族精神。

　　土家族山寨，同样讲求依山就势，在建筑上"借天不借地、天平地不平"，尽量减少对地形地貌的破坏，力求上部空间发展，在房屋底面随倾斜地形变化，从而形成错层、掉层、附崖等建筑形式。在悬挑处设栏杆檐廊（土家族叫丝檐），吊脚楼就是这样应运而生。它通常背倚山坡，面临溪流或坪坝以形成群落，往后层层高起，现出纵深。许多吊脚楼置于悬崖峭壁之上，那是因为基地窄小，向外悬挑，横屋与平房正屋相互连接，形成"吊脚楼"建筑。若屋前屋后树木或竹林，掩映吊脚楼建筑轮廓，山寨会显得十分优美。因此，土家族吊脚楼独领风骚。它翼角飞檐，走栏周匝，腾空而起，轻盈纤巧，亭亭玉立。

　　如同苗寨、土家寨一样，侗寨就地形、依山水，整体布局有平坝型、山麓型、山脊型和山谷型几种，木质结构的房屋同样有吊脚楼。所不同的是侗寨由风雨桥、鼓楼、凉亭、寨门、井亭、晾天架、萨殿组成。有溪就有风雨桥，寨寨有寨门，

鼓楼是侗寨的标志，鼓楼在寨中央或寨边拔地而起，巍峨壮观。大多侗寨的鼓楼与戏台、芦笙坪三者一体，是村民集会、娱乐、议事的重要场所。侗寨吊脚楼既保留古越人"干栏"式建筑风格，又吸收了中原建筑的元素。在严格对称的原则下，各个建筑之间有机相连，形成多样变化、均衡统一的整体，使整个村寨构成一幅错落有致、紧密相连、天人合一的画面。

　　在历史长河中，湘西文化从远古的神话开始，到现代的文学作品，延绵流传至今，都可以在湘西的古寨中找到它们的踪影。在这片神秘的土地上，不仅自然山水秀丽迷人，而且拥有悠久的历史和古老的文脉。

　　由于地处深山高岭之中，这里的山民民风淳朴，既彪悍义气又善良厚道。世代生活在这里的土家族、苗族、侗族，用他们的智慧与勤劳创造了属于自己的灿烂文化，这种文化有原始古朴的楚巫文化，有巴蜀文化、湖湘文化，还有中原文化在此碰撞与交融，并融入整个大中华的历史文化圈。所以，湘西多山寨。湘西，装载在她的寨子里。去寨子走走，你才会了解真正的湘西。

　　然而，真正滋润湘西寨子的是那方水，是她的母亲河：沅水。这条发源于贵州清水江的河流，从怀化芷江侗族自治县境内进入湖南大湘西，至古城黔阳与渠水汇合，形成沅水。然后，一路千回百转，向湘北方向奔涌，经洪江、安江、溆浦、辰溪、泸溪、沅陵，最后在常德的德山注入洞庭湖。

花垣县 扪代苗寨

　　在湘、资、沅、澧四大水系中，尤以沅水流域最赋予诗意，历史文化最为深厚。屈原生于秭归，死在汨罗，流放地在溆浦，在沅水生活了十几年。沅水成就了屈原的《楚辞》，成就了陶渊明的《桃花源记》，成就了文学巨匠沈从文的《边城》。沈从文将他魂梦牵系的故土描绘得如诗如画，如梦如歌，荡气回肠。他们的作品所塑造的人物与场景都是深深地根植于这片土地。

　　沅水有舞、辰、武、酉、渠、巫、溆七大支流，各支流又有数不清的小溪与河谷，凤凰沱江、龙山洗车河、永顺猛洞河、通道坪坦河，且有着许许多多古老的传说。自古以来，祖先们依山傍水，沿水而居，世代繁衍，在沅水旁渐渐形成了颇具湖湘地域特色和大湘西风土气息的栖居之所：土山寨、吊脚楼、窨子屋……这些古村古寨犹如一道道风景，洒落在大湘西的山水之间。

　　只是，社会的大变革实在太大太快，自然消失与重生得也太快，而且最快的是最近这十几年间。中国所有的城镇在这一二十年间几乎面积翻了几番，甚至是原来的数倍增长。城镇如此，乡村也不例外，一大批新农村新民居的崛起，代价是一批批古村寨的消失，湘西的寨子毫无例外地卷入这浪潮之中，有时今年看的还在，明年来就没有了，寨子里是物是人非、面目全非，或是空空如也。

　　2012年在永顺列夕乡，曾经拍摄过两位老人。一位姓黄，76岁，解放前老司岩土司爷的小女黄老太太坐在雕花床前，赤着脚，那神情让你感觉应该是最美的湘西女人了。另一位是这个乡的汉剧团团长姚福友老人，他打开尘封20多年从未动过的7个装满戏服的大木箱，穿着当年演出的戏服让我拍摄。2017年6月当我再次来到列夕时，两位老人均已过世。

　　像这样拍着拍着就没了的人物与场景实在太多太多，也许是基于此，每每行走在湘西的路上，寻觅那些将要消失的古寨，真恨不得脚步能够放快一些，更快一些，争取赶在还没有消失之前把它们记录下来，有许多算是抢救性的拍摄。《湘魂的摇篮　湘西古寨》中的75个村寨、340余幅照片，虽还不是很完整，就当是湘西古寨的纪实与掠影。《湘魂的摇篮　湘东古村》和《湘魂的摇篮　湘西古寨》2本画册，如果说湘东古村是一部厚重的书，湘西古寨则是一部多彩的画。

　　许多时候，打开电脑，细细翻翻这些年所拍摄的照片，湘西的村村寨寨、一幕一幕如电影般地浮现在眼前：黄土墙、木板房、窨子屋、逶迤的石板路、高耸的风火墙、小家碧玉般的吊脚楼，还有牛粪竹篱笆墙，既亲近又陌生，似在眼前却又遥远，消失和正在消失的……每一张照片，照片中的人物，甚至他们的脸部表情都历历在目，自然而然会想起行走于湘西和湘西寨子里的一个个故事、一个个场景。

谭登华

2021年12月

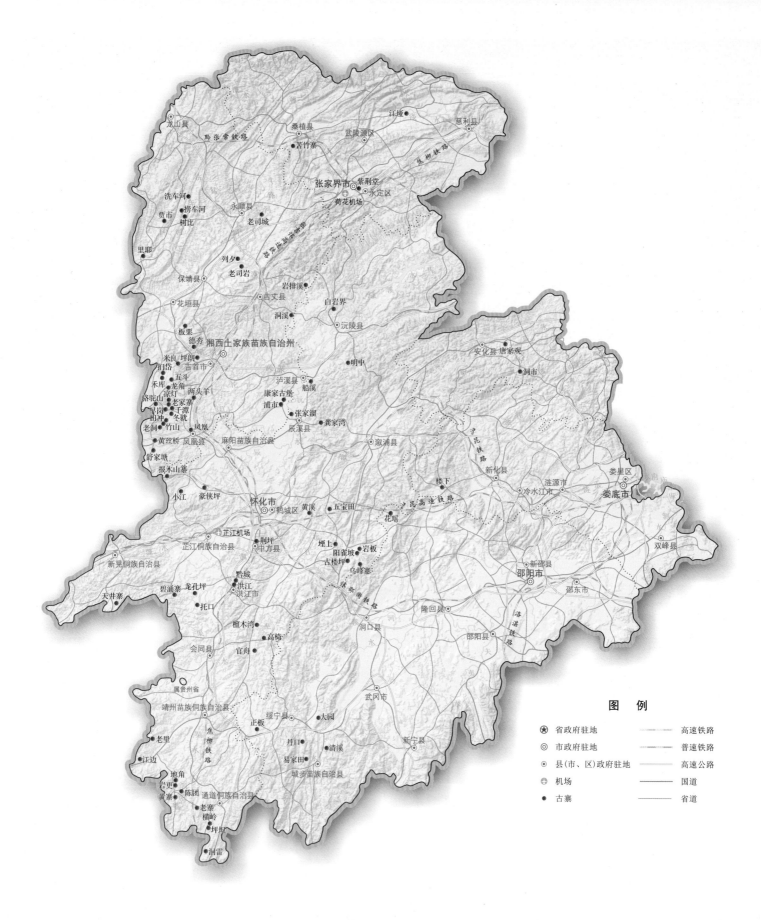

龙山县
黔张常铁路
桑植县
江垭
慈利县
苦竹寨
武陵源区

洗车河
捞车河
永顺县
张家界市
紫荆堂
荷花机场
永定区

贾市
树比

里耶
列夕
老司城

保靖县
老司岩
岩排溪
白岩界

花垣县
古丈县
洞溪
沅陵县

板栗
安化县
唐家观

德夯
湘西土家族苗族自治州
洞市

米良
坪朗
明中

扪岱
吉首市

五斗
泸溪县
船溪

禾库
龙角
康家古堡

凉灯
两头羊
浦市
沪昆铁路

路驼山
老家寨
张家溜
新化县

早岗
千潭
龚家湾
连源市
娄星区

田冲
冬就
溆浦县
冷水江市
娄底市

老洞
竹山
凤凰
辰溪县

黄丝桥
凤凰县
楼下

舒家塘
麻阳苗族自治县

报木山寨

小江
豪侠坪
怀化市
黄溪
五宝田
新邵县

鹤城区
花瑶
邵阳市

芷江机场
沪昆高速铁路

芷江侗族自治县
荆坪
埋上
岩板
邵东市

新晃侗族自治县
中方县
阳雀坡
双峰县

天井寨
古楼坪
乌峰寨

碧涌坪
龙孔坪
洪江

黔城
洪江市
隆回县
洛湛铁路

托口
洞口县
邵阳县

檀木湾
高梅

会同县
官舟

属贵州省
武冈市

靖州苗族侗族自治县
正板
绥宁县
大园

焦
老里
丹口
新宁县

江边
坪铺铁路
易家田
清溪

地角
城步苗族自治县

岩更
陈团

富寨
通道侗族自治县

老寨
横岭

坪坦

洞雷

图 例

⊛	省政府驻地	高速铁路
◎	市政府驻地	普速铁路
◉	县(市、区)政府驻地	高速公路
✈	机场	国道
●	古寨	省道

绥宁县 正板苗寨

目 录

一、土石寨：你让最初人类原始的土坯房神奇般地延续至今 /1

竹山：一支累累迁徙的部落 /2
老洞：湘西最具经典的"石头寨" /14
冬就："阴阳太极"古苗寨 /22
舒家塘：从军事堡垒到生活家园 /28
老家寨：神鸟栖息的地方 /32
黄丝桥：有着传奇故事的古城 /36
早岗：神秘"苗人谷" /40
凉灯：孤峰绝壁上的土寨子 /46
骆驼山：石拱桥，碾磨房，吊脚楼 /56
千潭：古老中透出沧桑 /62
田冲：山谷里的稻花飘香 /66
龙角：有一种守候是眷恋 /70
两头羊：仿佛有童年的身影 /74
米良：篱笆与石条垒积的山寨 /80
禾库：湘西最后的花样世界 /86
板栗：梅花散落山水间 /94
扣岱：多彩的石头苗寨 /98
坪朗：峒河上的"拉拉渡" /106
报木山寨："边墙"的苗疆要塞 /110
德夯：有种风景是会醉的 /112
老司岩：猛洞河岸的千年古寨 /118
老司城：辉煌与落没，古与今重现 /122

二、吊脚楼：你让美感十足的木板屋独领风骚千百年 /131

正板：被时光雕刻了的画卷 /132

天井寨："非遗"傩戏的世代传承 /138
碧涌寨：碧水青山好住家 /146
大园：湘西最古老的民居建筑群 /149
老里：云端里的寨子 /152
江边：蝴蝶与古枫共舞 /158
黄寨：诗意地栖居 /162
陈团：如陈年的老酒 /166
岩更：有一种美是天然的 /172
地角：一个让灵魂发呆的地方 /178
坪坦河谷：一座座风雨桥一道道景 /182
洞雷：那一抹"靛蓝" /188
岩排溪：大地上的七彩画作 /194
洞溪：黛帕深藏，一笑让你心动 /198
苦竹寨：高山峡谷里的居家 /202
官舟：因官多而得名的侗寨 /206
檀木湾：掩映黄花碧水间 /214
列夕：落没，却依然优雅 /218
洗车河：静谧的古老天街 /224
捞车河：她们在编织着生命的图景 /228
树比：冲天楼，离天三尺三 /232
凤凰："边城"独有的吊脚楼景观 /238
紫荆堂：湘西老院子里的留香 /244
唐家观：繁华不在，吊脚楼依旧 /246
洞市：茶马古道上的老街风雨桥 /248
花瑶：从头到脚花的世界 /252
清溪：杨氏家族四合院的传奇 /254
易家田：沅水上游第一湾的陈氏聚落 /260
丹口：羊石田的"进士第" /262

三、窨子屋：你独树一帜的豪门霸气彰显着古建筑的野性之美 /264

船溪：古驿道上的高墙深院 /266
龚家湾：独占一方的名门望族 /276
张家溜：处处洒满着历史记忆 /282
贾市：沉睡中的龙山老宅 /286
五宝田：最后的农耕家园 /288
阳雀坡：桃花源里人家 /296
岩板：那里有古朴色香的老院子 /300
小江：红岗寨里唐氏一脉 /304
康家古堡：湘西苗疆军事遗存 /306
垭上：古道上的耕读传家 /310
高椅：湘西最大的寨子 /312
龙孔坪："七阎王"的杨家寨 /318
荆坪：舞水有灵　幽幽古宅 /322
古楼坪："易氏在楚　辈出其间" /326
黄溪：好一个山水田园间的杨府 /330
白岩界："湘西第一大院" /334
明中：浑然天成的湘西风景画 /340
豪侠坪：豪侠仗义　豪门之后 /346
洪江："中国第一古商城" /350
黔城：一个静得让人心醉的地方 /360
浦市：窨子屋里的大户人家 /368
里耶：满街飘来的历久弥香 /380
江垭：九溪卫的岁月留痕 /388
托口：一座被淹没了的历史古镇 /394

编后语 /406

凤凰县 竹山雀儿寨

一、土石寨：你让最初人类原始的土坯房神奇般地延续至今

当人类的记忆尚处于模糊不清的原始时代，有巢氏创造的土坯屋便作为最古老的民居登上了人类居家的历史舞台。

湘西苗人居住地尤其是凤凰与花垣县境内的腊尔山台地，散落着一个个土寨或石寨，当地人叫"土屋"或"石屋"。土屋或石屋的结构均为木质，所不同的是基础与墙体部分。大多土屋基础为石条、石块或碎石，墙体为黄泥，或黄泥做成的土砖，或者是牛粪掺和的黄泥巴涂在墙上。有少许是清一色的石屋，墙体、屋顶及巷道，乃至周围的篱笆墙都是石头堆砌而成。这种可谓的原始土屋一直传承至今，无疑是现今人类最原生态的民居了。

凤凰县 竹山苗寨

竹山：一支累累迁徙的部落

澳大利亚著名历史学家格迪斯曾经感叹："世界上有两个灾难深重而又顽强不屈的种族，他们是中国的苗人和分散在世界各地的犹太人，这两个种族的历史，几乎是由战争与迁徙来谱写。"传说苗人原来生活在黄河以北，祖先是黄帝时代的蚩尤，5000多年前的一场涿鹿大战，蚩尤败于黄帝（苗人一直将蚩尤视为自己的先祖）。于是苗人便开始了不断的迁徙，最终落脚于湘黔边陲的深山老林之中。竹山苗寨就是这样一支累累迁徙的部落，最后落脚于湘西凤凰腊尔山丛林中，构筑了自己的安身之所：黄土屋。

在湘西的大山深处，凤凰县腊尔山台地算得上是苗族迁徙最后的生存之地，由于明清以来朝廷与苗族长期处于对抗的状态，这些寨子在选址和建造时，不得不充分考虑到它的隐蔽性和防御性，故大多建在大山深处或山脚处，一般从外面是看不到的，竹山苗寨亦如此。竹山人居住得很是隐蔽，在两山之间的一个陡峭的山坡上，在外面或公路上绝对看不到，即便是后来的一条乡级公路从一旁经过。

说起竹山的名字，有过一段壮烈的传说。清乾隆年间，湘西苗人起义，大量起义旗子的竹竿都是来于凤凰的昆仑峰中，后遭清政府的镇压，起义军一一被歼，后人为纪念这支苗人起义军，便将此地称为竹山。踏着弯弯曲曲的石板路走进寨里，脚脚阴凉，步步惊心，死角处又让你柳暗花明。虽然是石板垒成的墙，但墙体转角处的弧线却是相当完美。爬到对面山上举目，只见上上下下，一排排、一栋栋黄土屋有序而立，层层叠阶，屋屋相狭。

竹山苗寨坐北朝南，从山脚进寨子，一条陡峭的山路几乎要爬着上去。抬头仰望，那土房子像在云端，让人望而却步。当夕阳西下的阳光散在黄土墙上，明暗分明，质朴本真，黄得耀眼的土家苗寨确是一道独有的风景。

苗族的历史非常悠久，在中国古代典籍中早就有关于5000多年前苗族先民的记载，苗族的先祖可追溯到原始社会时代活跃于中原地区的蚩尤部落。商周时期，苗族先民便开始在长江中下游建立"三苗国"，从事农业稻作。苗族在历史上多次迁徙，大致路线是由黄河流域至长江流域再至湘、桂、黔、滇。正是由于他们的频频迁徙、历经磨难和百折不挠，所以能在这些耕地极少且贫寒的山区生存下来。一个小小的竹山苗寨，就如此几番折腾，可见他们生存之艰难。

随着时代的变迁与社会的安定，这些碉楼式建筑已由最初的防御功能逐渐演变成为当地民居的一大特色，至今仍透出一股威严。今天，这些源于北方古老民族建筑元素与南方少数民族特色建筑相融合的堡寨楼，虽然已经失去了它的功用，但作为既实用、美观而又是中国乃至世界上一种独特风格的历史建筑，却依然绽放出它的异彩。

从凤凰县城经千工坪镇往麻冲乡方向行走20来里到了一个名叫两汊河的地方，河上有一石拱桥，为后唐天成年间（926—930）修建的单孔石拱桥。石拱桥早已废弃，在一旁修了公路桥，过了公路桥盘山而上就看见了栗木寨。别看这地方狭小，却是兵家常争之地。从前的栗木寨是两汊河古镇的五大护镇之一，在唐朝初期，栗木寨称灵山，为灵官屯，寨中没有百姓，为镇兵把守。后来官府认为灵官屯上的兵是多余的，撤了下来。灵山无人，苗民进入，势力日渐壮大。因灵山居高临下，常有人以箭入镇扰乱治安，惊动了黄丝桥总兵营，于是兴兵伐之，才得以久安。明孝宗弘治元年（1488），两汊河镇人口众多，地方建寨政策公布，一吴姓镇民移至灵山，辙兵进民，民兴栗木，故叫栗木苗寨，它属于竹山苗寨一个自然山寨。

竹山村包括竹山、栗木、岩洞几个寨子，竹山最大人口最多，多是一色的土房子。从栗木苗寨来到岩洞苗寨，顺着山下的石板路，穿过篱笆通道即寨门、寨墙，石板巷道从寨口一直延伸至寨中各家各户。或许是这里太小，或许是交通不便，在凤凰不少苗寨开发成旅游景点之后，这里一直未能引起注意，因而仍保持着她那独有的原生态魅力，古朴而宁静。

凤凰县 竹山苗寨

凤凰县 竹山苗寨

　　让你开眼界的是这里的几处保存完整的堡寨楼。堡寨楼多以石材为主而建，墙厚1米、门高1.5米、楼高20米左右，四层。一楼二楼是放防守武器，如石头、沙袋、大弓、绳子、刀、箭、剑、枪等。三楼是睡室及食用品。四楼是哨所。竹山属凤凰县麻冲乡，已有800多年的历史，是至今湘西保存最好最完整的苗家原生态山寨之一。竹山有吴、唐、龙三姓和四个寨，即竹山、岩洞、栗木、大坨四个组并分而住居，在相距不到几平方公里的范围内。

凤凰县 竹山岩洞苗寨

　　深藏不露的竹山岩洞苗寨，南面是峡谷、河道，东、西和北面以大山作屏障，这在过去是最隐蔽的藏身之所。这里的老人还记得有过的传说：岩洞因前有山潭，且山谷幽深，神气灵秀，说是神龙居住过的地方，故有"神龙谷"之美誉。

　　岩洞苗寨的建筑各家均是独门小院，石头围墙围护，围墙内有一晒坪，晒坪为大石块铺就。只是大门很不讲究，几根木方撑起，极其得简陋。一色的土屋，让这里平添了几分土气与古朴。他们说，这土屋住起来冬暖夏凉，牲口出出进进也很方便。别看它是泥土屋，寨里的多数房子都有一二百年的历史。腊尔山地区的山寨建筑，一部分是早先在苗疆边墙的哨卡基础上兴建的兵营，因战事结束，这些兵营就成了住人的寨子，且大多用石板、石块修建，具有防火与防御功能，形成了石墙、石门、石窗，清一色石头建筑。另一部分就是黄土建筑，基石大多用石块叠起，在石块上筑黄土、土砖或黄泥竹篱笆。

　　竹山就属这类建筑。让人惊奇的是这里的民居建筑异常高大，酷似石头碉楼一般。石头碉楼又称堡家楼，它雄踞寨子的高处，它和防御墙是构成苗寨的两类主要建筑。

走进一户人家，一苗家老人正在纺线，一旁还放着织布机，是纺织苗服的。虽然现在的年轻苗人几乎不再穿这种苗服了，但少数老者还眷守着这种粗布衣。老人姓麻，79岁，戴着沉重的帕帽，一双灵巧的手不停地织着活儿，屋里摆放的织布机和纺线机是我见过的苗家寨子里最古老的一种。

凤凰县 竹山苗寨

凤凰县 竹山苗寨

凤凰县 竹山栗木苗寨

　　竹山栗木苗寨是竹山苗寨的一道雄关，只有一二十户人家，两面是悬崖，
两面是陡坡，犹如"鹊巢"构筑在树梢上。栗木苗寨就在马路边，从高处往下
可以看得清清楚楚。"远看是山窝，近看是山坡，三面是峡谷，出门就爬坡"。
这是栗木寨苗人形容自己家园的俗语。

凤凰县 老洞苗寨

14

老洞：湘西最具经典的"石头寨"

老洞苗寨，一座名副其实的石头寨，设计精巧，呈九宫八卦布局，因苗族的先民居住在山洞里而得此名，已有600多年历史。据说历史上几乎每一次苗民起义都与这里有关，有的是从这里开始。据说载入史册的清朝乾隆嘉庆苗民起义的导火索就在这里点燃。这些虽然已无多少实证，但这里的军事防御设施遗存却可以追溯到它的踪迹。

凤凰山江、麻冲、腊尔山一带，既是苗人的栖息地，又是捍卫疆土的堡垒。清朝早期，苗民分为生苗和熟苗，生苗不受政府统治，具有强烈反叛精神，而熟苗已归降于朝廷，老洞曾是湘黔所有生苗的首府，因此老洞历史上曾是苗民起义的屯兵地，老洞苗寨自然成了能攻、能守、能退，具有军事工事的城堡。现今保留的许多建筑，仿佛仍然能够闻到争战与硝烟的味道。

远远望去，一排排黑瓦黄墙的苗家老宅，默默地掩隐在深山丛林间。走近一看，古老的山寨就像童话般神秘。那些古老的石头墙、古战壕、吊脚楼，仿佛一块块拙朴的天外陨石，日夜守候着和它同样古老的王城。也许，正因为它们的存在，无数的诗人、画家、摄影家才为之迷恋，慕名而来。

老洞是一座实实在在的石头城，呈九宫八卦布局，整个寨子为清一色的石头建筑，完全就像迷宫一样，寨门、巷道、碉楼、护墙，布局严谨，能守能攻，既具防御性，又有隐蔽性；既四通八达，又曲折回还；既分门隔院，自成一体，又曲径相通，有通道相互连接，通至各家各户。这种建筑，作为民居，既古朴实用，又雅致美观。

凤凰县 老洞苗寨

凤凰县 老洞苗寨

这一弧形石砌建筑，依山就势，造型独特，在大湘西应属罕见之物。这里的人说，老洞苗寨曾经有过富足的历史，直到民国二十五年（1936），乌龙山土匪攻打老洞，足足打了12天，除了烧掉这里的房子，还抢走1万余块光洋，300多斤银锭，从此老洞才一落千丈，没落于深山。至今，这里还流传大洋压断房梁的故事，所谓"最后的压寨夫人"的传说。

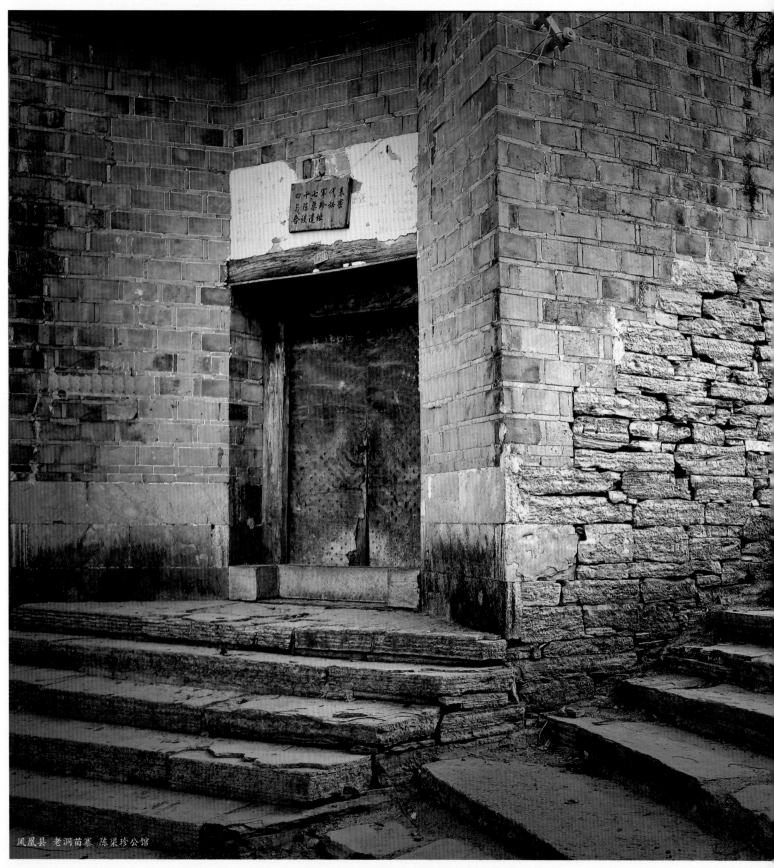

凤凰县 老洞苗寨 陈渠珍公馆

　一栋值得纪念的建筑。统治湘西 30 年的湘西王的陈渠珍公馆，大门为石拱门，院落呈"口"字形，正房山墙为马头墙，正门门前为五级台阶，整个院落古朴精致，既有湘西苗族建筑的风格，又有汉文化印记，为老洞苗寨最具代表性"吞口式"建筑。是解放军湘西剿匪四十七军代表谈判旧址。门口石墩上的枪眼和旁边的警卫楼，见证了那段峥嵘岁月。

　湘西王陈渠珍是湘西最后一位军团土匪首领，杀人如麻，统治湘西长达 30 年之久，与熊希龄、沈从文一起号称"凤凰三杰"。他本是"阶下囚"，却成了北京的"座上宾"，毛泽东并没有杀他。

凤凰县 老洞苗寨

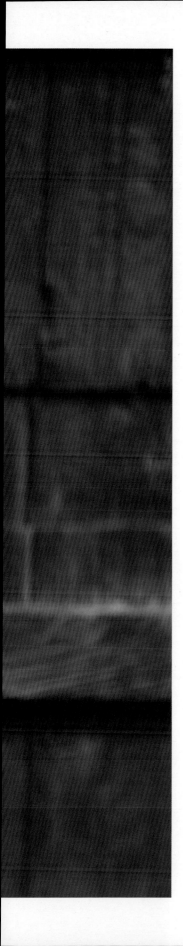

凤凰县 老洞苗寨 织布机

　　照片里的老人叫龙小妹，快80岁的人了，岁月仿佛在她脸上停顿，美丽的脸庞，光洁的皮肤，清澈的眼神，年轻时不知美成什么样子。寨里的老人说，方圆几十里当年就数她最漂亮。曾有网络盛传且至今还在流传，这位就是湘西土匪"最后的压寨夫人"。其实，完全不然。早些时候当地开发旅游，为吸引游客，特在她家门口挂了块"最后的压寨夫人"牌子，由此便引来以讹传讹。为此我曾发表过一篇博文，上面登载了我与她及她丈夫的合照，以示澄清。

　　古老的织布机，在古老的少数民族寨子里已不多见了，几次去老洞，都会去她家坐坐。老人家心地善良，心灵手巧。有几次我与外地摄影师去她家，她都热心地给大家纺线、织布，老伴也在一旁看着，老伴并非网上传的解放前被打死的土匪，她也并不是"某某的压寨夫人"。

21

凤凰县 冬就苗寨

冬就："阴阳太极"古苗寨

第一次去凤凰的冬就苗寨，临近寨门，只见身着光鲜亮丽苗服的姑娘们双手捧上大碗大碗的酒，排着长长的队伍恭迎着远道而来的各位客人。她们一边唱敬酒歌，一边劝拦路酒，在三五道，甚至十二道的"阻拦"劝酒声中让我感受到大山里苗家人的热情与好客。过了寨门，眼前即是一幅画：竹林深处，山环水映，层层叠叠的土屋民居依山而上，依山环绕。

冬就，一个龙姓聚族而居明清时期建造的苗族山寨。冬就苗寨，又称"雷公寨""石头寨"，汉语叫"神药寨"，坐落在凤凰县山江镇8公里外一个四面环山的山窝里，中间有一圆形似"太极"的水田，建筑依山面水而漫延开来，从高处俯瞰，整个地形像似"太极"，所以有了"阴阳太极"古苗寨的说法。

据说这里确是按照坎、垦、震、巽、离、坤、兑、乾"八字"的道家八卦太极进行建造的。于是，有了专门风水研究人士的叹咏："人间灵应无双镜，天下风水第一寨。"

在中国人的思想深处，有一种对阴阳相融和谐的追求，保护两股力量的对称均势，这种中庸和谐的哲学思想存在中国人生活的方方面面，这一点也真切地体现在冬就的建筑格局中。

冬就苗寨历史悠久，现存的石头寨的民居建筑多始建于清代，许多已经二三百年了，是一个地地道道的集石屋与土屋于一体的寨子。看得出来，冬就先祖在选址布局上是讲究风水和居住环境的，它与那些裸露在半山腰或山坡上的苗寨不同。难怪美国民俗研究专家彼得先生在游毕冬就时称赞"冬就苗寨是我所见过的最原生态、最美丽的古苗寨，是中国完美型的苗寨"。

这里姓氏单传，300多户人家只一个龙姓，代代传承着自己的苗族历史与文化。寨里有几座石板建造的大院落，房屋虽然并不太高，却有着古宅的沧桑历史。从大门上"武陵世第""忠孝传家"的石刻字样，可见这些龙姓苗家大院不仅有族群历史，而且有文化传承。

龙伯高是国内外龙氏有谱可查的共同先祖。汉光武帝元年（25）敕封为零陵太守，据《资治通鉴》载，龙伯高自北南来，升官迁湘，家武陵，龙姓因此以"武陵世第"作为堂名之一。冬就苗寨有"武陵世第"堂号，亦说明是龙氏先祖一脉，这是深山里的苗寨中极少见的。

　　冬就是实实在在的石头寨，却不完全是石头，巷道、寨墙、基脚为石头或石条，有的房子连瓦片都是石片，也有少许房屋的墙体为土砖，故又称土屋或黄泥巴屋。远远看去是一个石头寨，走进其间，却是混杂着各种材质结构的泥土房。

　　不过，冬就苗寨这十年变化很大，变化得让人有些难以置信与遗憾。现在的冬就已不是画面里的模样，不少水泥建筑已经将原有的土屋所取代，就是坚固的石头堆砌的石屋也没有几栋了。

　　在寨子里走着走着，无论是聚焦这里的每栋单体建筑，还是全景拍摄整个寨子的民居群，冬就都有着乡土建筑所特有的美感。古碉楼、古战巷，家家围墙相连，户户"迷宫式"相通，《孙子兵法》的"石头阵"似乎在此得以印证。由此，冬就被列入中国传统村落。《血色湘西》《湘西剿匪记》《边城》等多部电影、电视剧在此拍摄过外景。

凤凰县 冬就苗寨

凤凰县 冬就苗寨老人

凤凰县 冬就苗寨

这位身着如此古老苗服的妇人，如今即使在别的苗寨也不多见了。几次去冬就都见到她，身上的衣服有几处已经破烂且有补丁，这在时下的苗人身上也是极难看到的，尤其那眼神仿佛是从骨子里散发出来的，透着苗人的那种善良、羞涩与本真。

舒家塘：从军事堡垒到生活家园

舒家塘又称书家塘，位于凤凰县黄合乡，地处湘黔渝交界处。"西托云贵，东控辰沅"，历来是兵家必争之地。舒家塘没有一户舒姓，均为姓杨，传说古时一舒姓人先到建村，并开有一口塘，故名舒家塘，后来渐渐地舒姓不知去向，被杨姓所取代。

据说舒家塘真实的名称应称书架堂，寓书香门第、藏书丰富之意。早在唐末元初就有人居住于此，村里代代相传的《杨氏族谱》里记载，北宋皇佑四年（1052），南方"蛮夷"龙知高率领苗民起义，杨家将杨六郎第三子杨再思奉旨讨伐，征战于湘黔一带。征战中，杨再思途经舒家塘，见形势险要，位居要冲且石料丰富，便下令安营扎寨，领兵上山，修筑屯堡，建造营盘，派重兵把守。

于是，舒家塘从此成为军事要塞屯兵之营。明万历年间，朝廷为加强防卫，在原先苗防土城的基础上，特拨白银万余两，驱赶当地民众，开山凿石，历时4年，重新加固舒家塘及周围的古营盘。此后舒家塘成为当时威镇南疆的著名堡垒之一，直至清朝历代，该堡依旧是军事重镇。

凤凰"边城"有许多座营盘，舒家塘是最重要的一座。舒家塘从元朝始建，明朝开始修建寨墙，清朝形成如今之规模。随着蛮夷归服，此地又成了当时的经济、文化中心。长城学专家罗哲文教授2000年5月到此考察，他从现存的墙基考证，断定城堡距今至少已有800年的历史。舒家塘堡依山而建，山下建兵营，山顶建连环屯，从而形成一个城堡。城堡分为上、中、下三寨，各寨之间无界碑标记，但看上去泾渭分明，古老而奇妙。

舒家塘古城堡略呈圆形，外有构筑恢宏的古城墙环绕。古城墙总长1500余米，高约7米，宽2米，分上下两层，可供人行走或跑马，每隔3米有一个瞭望口。墙身由大块青石粘石灰糯米浆砌成，最重石块达750千克。墙形曲折蜿蜒，极富变化。全城共设3个大门，雄踞东、南、北三方，其中以与王坡屯遥相呼应的东大门规模最大，此门分两进，上有阁楼供护城卫士守护，岩石坚固整齐，易守难攻，是一座攻不可破的古老兵营。

据说舒家塘过去出过举人、进士，明清时期曾出过5位举人、16位秀才，那时寨子里有不少拴马柱，路边还有一对下马石，上面写有"光绪恩科举人杨济川立"字样，过去拴马柱上面有帏杆，而舒家塘又是凤凰县唯一立有"帏子"的地方。确实如此，在凤凰走了几十个寨子，唯舒家塘有这些荣誉，独领风头。如今经千百年风风雨雨，古城堡虽残败发黑，但依然显现出一种苍凉之美。

凤凰县 舒家塘

凤凰县 舒家塘土家寨

舒家塘也是一座石头城堡，城堡巷道、宅院均由岩石板铺成，布置严谨。石大门多用整块石板建造，且上面刻有门匾，如："礼严捍卫""周旋中礼""处善循理""坦荡复履""礼重师严""克勤养德""模范修严""清白家声"等，柱础刻有精美图案。

房屋大多为石砌，布局巧妙，结构严谨，住户的门窗均有木雕花窗，且透出一种人文气息，如"松鹤延年""喜鹊登梅""太公垂钓""指日封侯"等图案。虽然有些宅院已经破败、凋零或大门紧锁，但依稀能窥见当年的严谨家风。这些明显带有儒家生存之道的文字也反映了汉文化对少数民族的影响。

凤凰县 舒家塘

凤凰县 老家寨

老家寨：神鸟栖息的地方

老家寨，一个吴姓和龙姓聚族而居的苗族明清古山寨，传说是神鸟凤凰栖身的地方，为凤凰女诞生之地，也是苗家青年男女寻找真正爱情的圣地。坐落在凤凰县山江镇植被茂盛、生态环境良好、四周青山环抱的栖凤坡下的老家寨，与相邻的麻冲乡老洞苗寨极为相似，一座保护比较完整的石头寨或叫石头城堡。这里的巷道、小径、矮墙、房屋几乎是用石板或石头堆砌。寨门是石头构筑的拱门，进了寨门，拾级而上有 3 条石板巷道贯穿整个寨子。

2014 年第二次去老家寨时，入寨口古老的石拱寨门不见了，取代它的是一条宽阔的石阶，说是被旅游公司开发旅游修宽马路拆掉了。不过，寨子还是原来的石头寨，石屋、石墙、石板路、石桌、石凳、石碉楼。在这里，石板，几乎承载着山寨人的全部生活。

老家寨有着悠久的历史。在太平盛世时，这里的先民也会外出谋生，兵荒马乱时则回到故里。问及为什么叫老家寨？老人们说，是因为腊尔山这一带几乎所有的苗寨要数这里最为古老。

苗寨有几座石头大院，所谓大院并不像湖南其他地方的大院落，没有几横几纵，只能算是袖珍式小院落。走进建于明末清初两个古香古色的院落：一个是吴家大院，一门正屋三间，一间阁楼和一个石头围墙围护的院落。一个是龙家大院，有正屋四间，两间阁楼。两个院落均为一层，底部为青石，上部为土砖，小青瓦屋顶，典型的湘西苗家院落。

凤凰县 老家寨 碉楼

凤凰县 老家寨

老家寨构筑在一座高山坡上，原来有一座大气的石头城门，后来不知什么原因，
城门拆了，修了一条游客通道与一个广场。寨内高墙四起，巷道纵横交错，似通非通，
却户户相连，犹如一张蜘蛛网。

靠寨后方，保存一条数百米长的几百年前构筑的石头城墙，在城墙最高处一角，
有一座三层高的四方石头碉楼，很是雄伟，爬到碉楼顶上可俯瞰整个老家寨。

凤凰县 老家寨 苗家老人服饰银饰

　　吴家大院里的这位老人，已经 103 岁，听不懂汉语，通过她孙媳才得
以给老人家拍了这张照片。老人家全身的银饰都是她出嫁时的嫁妆。多少
年了，挂在胸前，依然熠熠生辉，还有那双饱经风霜的手，那是岁月划过
的印痕。

凤凰县 黄丝桥古城

黄丝桥：有着传奇故事的古城

　　最早去凤凰黄丝桥是 2000 年 5 月，第二次去黄丝桥是 2008 年 2 月，大雪。后来又去过两次。十几年前的黄丝桥古城不像现在，未开发，冷清与寂静，荒凉与古老，自然不像后来需要 50 块钱门票才得以进去。成了旅游景点，和凤凰所有的旅游景点一样，似乎有些变了味。不过，黄丝桥古城依旧是那么古老而威严。

　　历史上最初的黄丝桥是一小小的山寨，后来驻有守军，开始构筑军事防御的土城墙，经宋、元、明、清历代修建，形成了一座独特的石城堡。据史料记载，一开始是土墙，至清康熙四十四年（1705）才砌成石城，全部为青光石块建筑。古城墙高 5.6 米、城墙上走道宽 2.4 米、周长 686 米，东西长 153 米，南北长 190 米。古城开有三个城门，分别为"和育门""实城门""日光门"，均建有 10 余米高的清式建筑格局的高大城楼，三个城楼的屋顶均为歇山式，下层覆盖以腰檐，上布小青瓦，飞檐翘角，分外壮观。

　　城墙上部为锯凿形状，大小箭垛 300 个，还有两座外突的炮台，设都使、巡介等衙门。自唐垂拱二年（686）始建，距今已有 1300 多年的历史。到了清代，康熙三十九年（1700），朝廷为了安抚和镇制苗民，在这里设立了凤凰直隶厅和沅永靖兵备道。清乾隆和咸丰年间，这一带与贵州苗民一起曾多次爆发过起事，虽然每次都以苗民失败而告终，但对清政府无疑是一次次打击。此后，清朝也走向没落，黄丝桥也渐渐地淡出人们的视野。

　　黄丝桥古城过去叫渭阳城，是去贵州、四川的必经之路。有关黄丝桥名的来历，有过几种传说，其中故事让我很有兴致。当年，为了方便渭河两岸人过河，一个以卖丝线为生的黄姓老太婆拿出毕生卖丝线所得的钱，捐建了一座木板桥，因此得名"黄丝桥"。还有种说法是：清康熙曾派村中族人修城，但其孙私用修城之银两去云南经营鸦片，导致修城经费不足，只得缩小面积。其孙媳王氏为夫之行深感愧疚，便将私蓄捐出，将渭阳河上的木板桥改建为石桥，村人为纪念王氏，将此桥定名为王氏桥。因方语音传讹，"王氏桥"变成了"黄丝桥"。黄丝桥的两种传说，虽然谁也没法去考究，不过，我更喜欢那个黄姓老太婆捐丝线的故事。

　　世居在古城内外的苗家人现仍保留着祖辈的风俗，如今这里已经成为游人观光游览之处，登临古城，古朴典雅的建筑风貌和多姿的民族风情，使人赏心悦目。湘黔川边界贸易重镇阿拉营就在附近，南长城也在一旁。

　　登上古城头，极目四野，良田千顷，绿水迂回；斜阳夕照里，炊烟缕缕，一派田园诗韵景象。比起凤凰古城，我倒觉得黄丝桥更像一座古城，一座袖珍式石头城堡。站在炮台边遥望，远处的南长城，被白雪覆盖的苗寨，萧瑟、荒凉中似乎油然而生出点点悲壮。

凤凰县 黄丝桥

站在这座南方常见且极普通的单拱小石桥上，渭河的水平静地从桥下流过，微风阵阵，青草萋萋，从河对岸的寨子里，不时传来苗民的歌声。今天，又有谁能想象这个偏僻边陲的苗汉相争的前沿阵地曾经有过的长年战事？有谁还会记得这里曾经是狼烟滚滚的战场？

走出黄丝桥古城，雪花仍在飘落，见一背着背篓的妇人走来，远处是黄土与石板构筑的寨子。10年后当我再来寻觅，狭窄的马路变成了通往贵州的高等级公路，房屋被一栋栋现代民居和洋楼所取代，一片新农村景象。

凤凰县 黄丝桥 古城

早岗：神秘"苗人谷"

早岗苗寨，当地人称"苗人谷"。从凤凰县山江镇沿着一条石板路西行，走上两三公里，到了一个山洞旁，里面就是俗称的"苗王洞"，因湘西最后一代苗王曾在此栖身过，故得名"苗王洞"。洞内狭长而幽暗，内有石山，有深不见底的水潭，三帘瀑布如从天而降，气势磅礴。

攀着陡峭的石梯往上爬，一条约300米的洞道，仅一缕光线，离奇而神秘。谷中藏洞、洞中藏谷、天外有天。肉眼看不见，相机却能照得出隐形的"苗人头"，可称是"天下一奇"。出了苗王洞见一山谷湖泊，早岗苗寨就坐落在三面环山、一面临水的大山深处。高山与湖水隔断了进山的道路，自然让人感觉神奇与神秘。

以前的苗族分生苗和熟苗，早岗属生苗区，过去不曾与汉人和外界往来，几乎与世隔绝。无数次的苗汉纷争、苗汉争战，都是苗人动迁，生苗往往迁徙于人迹罕至的偏僻山岭，这也是他们愈迁愈偏僻的重要原因，早岗就是属于几经迁徙且与外界阻隔的地方。

史料有载："苗人谷"为凤凰典型的生苗区。苗族是最早开发中原、最早拓展南方的伟大民族之一，起源于黄帝时期的"九黎"，自古粗犷强悍，崇尚自由，追求和谐。苗族的历史，与战争紧密相关；苗族的文化，与迁徙息息相关。明清以来，为了争夺生存空间，苗族历经数十次起镇压和五次大迁徙，因此，苗人不得不躲进这类似"苗人谷"的偏僻山岭。

至今，"苗人谷"中保存着最早的苗人部落遗址、苗王洞土匪城堡战壕旧址、早岗古老苗寨等苗族文化符号，它无声地见证着苗族历史的沧桑和悲壮，有形地记录了苗族文化的博大与深邃。

早岗"苗人谷"，凤凰纯苗文化的标志性景点。因其拥有鬼斧神工般的自然景观和保存完好的古老苗寨而被国内外专家学者公认为是中国"苗族活化石"。汉苗相争相战，虽已成过眼烟云，生苗熟苗也成了过往，取而代之的是旅游景点、喧闹的山寨。

凤凰县．早岗苗寨

早岗苗寨过去称为"总兵营"，有人说这里曾是苗族抗击清政府的游击根据地，湘西末代苗王龙云飞的统治中心就在这里且有历史遗迹。历史上的苗族是最早拓展南方的民族之一，尤其是明清以来历经数十起镇苗战争，苗人均居住在偏僻又贫穷的类似"苗人谷"这样的丛山峻岭。

凤凰县 早岗苗寨

　　不同的地理与历史环境建造不一样风格的建筑。早岗和腊尔山地区的其他苗族民居一样，多是被当地人称为"土屋"的建筑。他们在构筑自己住所的时候，只能就地取材，随俗而安。这些土屋都是采用当地页岩建造而成，层层叠叠的瓦片似石块和黄土砖就地而起，不仅房子是石头、石块建造，巷道也是用石头和石块铺成，整个寨子顺着山形建在山背坡上的山窝里，看似高高低低，却与周围环境和谐统一。

凤凰县 早岗苗寨

45

凤凰县 苗寨

凉灯：孤峰绝壁上的土寨子

凉灯，苗语意为"老鹰居住的悬崖"。它坐落在凤凰县腊尔山地带最高的八公山（海拔1060米）三面绝壁的孤峰上。有人说它是挂在悬崖边的山寨。寨门口有一棵千年薇树，见证着这座山寨的变迁。

2012年当听说凉灯是凤凰县唯一不通公路的寨子时，就想着去看看。农历正月初四，恰遇大雪，我一个人拄着拐杖，脚扎草绳，踏着厚厚的冰雪，从山江镇往里走。凉灯距离山江镇仅15公里路程，我足足走了6个小时，天快黑时才来到凉灯。这里地形复杂，山高谷深，沟壑纵横，位置偏僻，几乎与世隔绝，属纯苗族山区村寨，也是典型的苗族集居贫困村。凉灯有5个自然村组，分布在相距约20公里的"V"字形山岩上，中间有2个大峡谷，站在大峡谷的一面高声喊话，对面可以听到声音，走起路来却要一两个小时。山民说，10年前这里就开始修公路，只是现在一条简易碎石路通到了三四组，一二组仍然没有修通，一二组与三四组相距12公里，算是凤凰县唯一没有通公路的山寨了。

一排排土房的旁边就是万丈峡谷。峡谷东南面是老家寨，北面与四组五组的雀儿寨隔江相望。说是隔了一条江，其实不是什么江，是一个干枯了的大峡谷。这里全是清一色的土砖房，每栋房子都是百年以上，听说政府已经把它列为苗族生态文化保护区，不准再拆。依山而建的土砖房，所有的民居建材均是石块与黄泥，外部造型有吊脚楼元素，偶尔有斗檐翘起。房屋基脚为石板砌就，上层是黄土墙，瓦屋坡顶，屋内为木质结构，这应该是湘西最平实最普通不过的土房子了。从一组到五组的雀儿寨，整整走了一天。正午走到凉灯三组，斜坡上遇见三五个小孩正在玩滑雪。只是滑雪的工具极其得简陋与原始，两块竹片，一只脚踩一块，从山坡上冲下来，这是城里小孩所不曾见到的场景。

雪中的凉灯很美。站在高高的山岗上，极目远眺四周，从未见过南方的冰雪世界会是如此的"银装素裹""分外多娇"。寨里人说，我们这里年年都会下大雪。要说美，这里秋天也很美，寨后那一片古枫树，一到深秋，满山都是红的，红得会让你"打醉拳"。

或许是因为偏僻，这里的民风很是淳朴，越是偏僻的山里人越是保持着民族所固有的传统，无论走进哪一家，火塘旁大人小孩都会起身让座，将热腾腾的熏茶端在你面前，还有烟袋、糍粑、腊肉，感觉到他们的心都是滚烫滚烫的。外面是冰天雪地，屋里温暖如春。

寨里有个小学，其实就一间屋子，几张书桌，极其得简陋。学校只有一位老师，姓吴，一人教着六七个学生，从一年级到五年级，六年级就送到镇上去了。吴老师50岁开外，人很和善，晚上在他家吃饭。苗家山寨人生活很简单，吃的自然也很简单。灶堂上一口大锅，先放些腊肉，然后再放些白菜一煮，一家人就吃饭了。这还是过年，若平时是很少有腊肉的。

入夜，我住在小学里，把几张桌子一拼，算是床了。早上起来，一摸嘴唇边的被子，一层薄薄的冰，那是鼻孔出气凝结的。不过那一觉睡得很好，月光让白雪的光线反射到屋子里，很亮很亮，大山里很静很静。

想不到的是两年后，我再次来到凉灯时，吴老师因患急病已经去世。从此小学关门了，再没有办法下去，寨子里的孩子读书只好寄读于大山那边的山江镇上。

不知从什么时候起，凉灯先祖大概是逃避战乱或者争斗来到这个既偏远且贫寒的高山之上，辟疆开垦，繁衍生息。自然很可能是他们世代贫穷的根源。2017年，凉灯通了公路，2020年凤凰县政府公布，凉灯村整体脱贫，并且要将此保护好成为旅游景点。

凤凰县 凉灯苗寨

凤凰县 凉灯苗寨

　　一个清静的土屋寨子，一栋栋保留着地地道道原生态样子的老屋。也许是没通公路所至，这里没有其他的建筑。随意走进一家，老屋里早已被熏得乌漆墨黑，坐着的这位老人姓吴，已经 83 岁，一个人孤苦地守候在这里。他说这房子已有 200 多年了，他在这屋生的。老人说，他有两个女儿，都嫁到山外了，但会常来看看，只是自己不想出去，守着这老屋。

　　平日里老人依然能下地干活，甚至还会跑到十几里外的山江镇赶集。他说赶集不为别的，只是买斤肉回来，且一天能来回。冬天他和隔壁老人围坐在火塘旁，悠闲地抽着自己种植的叶子烟，过着安稳清静的日子。

凤凰县 凉灯苗寨 灶房 火塘

　　湘西苗族人一般堂屋的左边是火塘、灶房，火塘上挂满了烟熏的腊肉。左右两边
都有床铺，床铺靠里，帐子一年四季挂着，漆黑漆黑的，算是睡觉的地方。为了有一
定的私密空间，另一组火塘与卧室设置在堂屋的另一边，堂屋主要是会客和祭祀祖先
神灵之用，便形成中间为堂屋，两侧间多为火塘与卧室的传统布局。

凤凰县 凉灯苗寨 火塘

凤凰县 凉灯雀儿寨

凤凰县 凉灯苗寨雀儿寨

凤凰县 凉灯苗寨雀儿寨

凤凰县 凉灯苗寨雀儿寨

　　凉灯对面是雀儿寨，意为大山里雀儿栖息的地方，或许也有"门庭落雀"之意，很少有外人到此，它属于凉灯村的四组和五组，与凉灯一组中间隔着一个很深的峡谷。

　　雀儿寨规模比凉灯要大，房屋要多，弯弯曲曲的石板路，高高低低，通至各家各户。和许多湘西寨子一样，这家的厨房甚是简陋，火塘被烟熏得漆黑。各家各户，没有陈列与摆设，所有的都是原汁原味且散发着陈旧与质朴，外面的纷扰似乎都与这方神圣无关。

　　这里所有房屋甚是简单，均为一进两开间，正中是堂屋，堂屋是正屋，墙上地上堆满了各样的杂物：桌椅板凳、衣柜背篓、音响电视。或许这就是主人的全部家当。正堂屋两边是睡房和火塘。湘西少数民族习惯在侧间设置火塘，也叫火床，相当于汉人的饭桌。他们有在火床上方熏烤的习惯，为了把烟气散掉，于是把山墙顶部做得很通透，便产生了前火床后卧室，火床与卧室共室的平面布置格局。

骆驼山：石拱桥，碾磨房，吊脚楼

十多年前，有一部湘西苗语电影《红棉袄》，故事背景就是凤凰县骆驼山苗寨，讲的是农村留守儿童翠菊的故事。

翠菊是一个美丽可爱的苗家小姑娘，由于阿爸病逝，家里的生活比较困难。为此，阿妈和阿哥常年在外打工，留下年幼的翠菊和年迈的婆婆相依为命。导演是邹亚林，后来他又在这里拍了部公益片《大山的呼唤》。

这位导演说，看了那么多的湘西村寨，骆驼山苗寨最经典，这里依山傍水、高低错落的黄泥巴建筑，和谐完美体现了中国传统文化中"小桥、流水、人家"的美学境界。

从凤凰县城往腊尔山方向行走，沿途一条飘着层层水雾的溪，到了乌巢河大桥，只见两边峡谷万丈，山峦起伏，石峰奇巧，林木秀丽。从高处俯瞰，山脚下有一处叠叠而上的寨子，这便是骆驼山苗寨。

骆驼山苗寨坐落在凤凰县乌巢河畔，乌巢河是凤凰沱江的源头，它与凤凰县境内另一条河流峒河汇合后，流经吉首在泸溪县注入沅水。

凤凰县的摄影朋友告诉我，在骆驼山寨，你可以看到各式各样的吊脚楼。吊脚楼是苗族传统建筑，是中国南方特有的古老建筑形式，楼上住人，楼下架空，被现代建筑学家认为是最佳的生态建筑形式。

拾级而上是一栋栋泥土屋、石板屋、吊脚楼古民居，它们就隐藏在石拱桥岸边的山窝里，古老而质朴。见过许多的湘西苗寨和吊脚楼，几乎所有的苗族民居结构或吊脚楼都可以在这里找到，骆驼山可称得上最纯粹的土石寨和最古老的吊脚楼了。

吊脚楼堪称苗族建筑一绝，它依山傍水，鳞次栉比，层叠而上，外墙或石板或泥土，内为两层木质结构，几乎每户人家每栋房子都有探出外侧的吊脚楼，这吊脚楼或在大门入口处，或在房屋的拐角旁。有的脚立在石头上，有的脚则插在土墙里，看似简陋，实则坚硬，且还优雅。远看普普通通，近看却大不相同，一不留神就让你有一种惊喜。

凤凰县 骆驼山苗寨

凤凰县 骆驼山苗寨 石拱桥

　　乌巢河上有两座桥，都是石拱桥。一座是20世纪70年代修建的横跨乌巢河大峡谷的石拱大桥，当时是破世界纪录的最大跨径的单孔石拱大桥，被誉为"天下第一大石桥"。另一座是架在乌巢河溪流上传统的石拱桥，很是古老，是清代修的，位于"天下第一石拱桥"的下方。过去这里不通公路，在如今看来这小小的石拱桥却是湖南湘西通往贵州的一条通道，过去叫"官道"。

　　石拱桥边一座大型造纸水磨坊，碾子的直径足足有4米。用水推着碾子把浸泡在水中的竹子碾碎，然后放入水池中沉淀，再打捞切割，通过几道工序后，就成了纸张。前几次来时还看见碾子在转，旁边有一大坑，堆满了浸泡的发黄的竹子，后来不见了，碾盘已经生锈，应该是废弃了。过去在湘西的许多河流、溪水旁都有这样的碾子。这些水磨坊，很多人以为是碾米用的，实际是土制的造纸术。随着现代造纸术的发展，这种原始造纸小作坊也逐渐被淘汰，成了今天游客眼里的一道风景。

凤凰县 骆驼山苗寨 吊脚楼

凤凰县 骆驼山苗寨 吊脚楼

这些散发浓郁泥土气息的古老吊脚楼，土墙、石头屋、堡家楼，还有那些数百年前留下的历史军事遗存，满目沧桑，让人驻足难忘。

凤凰县 骆驼山苗寨 吊脚楼

凤凰县 千潭苗寨

千潭：古老中透出沧桑

　　从凤凰县山江镇不出2公里就到了千潭苗寨。千潭苗寨在一弯很是开阔的山洼地的半山坡上，从山上往下看，只见百多户人家、数十栋青瓦土屋，家家户户竹篱笆、黄土墙，伴着各样的吊脚楼建筑，错落有致地分散开来。

　　然而，这样的画面已成历史，2016年以后并不存在。几年后当我再一次来到千潭时并站在同一角度俯视时，琉璃瓦、马赛克、水泥墙，一栋栋现代建筑拔地而起，一幅幅苗寨新农村景象。虽然还有几栋吊脚楼房屋，但外墙已经抹上了水泥。好在镜头里留下了原来的模样。

　　千潭苗寨与老家寨毗邻，均是凤凰县为数不多的有名的苗寨，仅2公里路程，翻过一个山岗就是老家寨，中间有一个湖泊，叫千潭，大概是许多深潭连成一片而名为千潭。到过这里的人都说，千潭苗寨集自然风光、古老建筑、历史遗存、民风民俗于一体，为苗疆边墙以外生苗区的典范。

　　以前走到山垭口就可以听到"咚咚"的锣鼓声，歌师和苗家姑娘早已在寨门口摆下大方桌，桌上盛满了一碗碗自家酿制的米酒，苗家姑娘唱起苗歌，热情地献上"拦门酒"。

　　进入寨子，会看到别有风味的男女对歌对唱、艺人表演，如上刀山、踩火犁、法术定鸡……让人着实体验一把湘西苗寨独特的民俗风情与传统文化，络绎不绝的游客似乎要把整个寨子抬起来。

　　千潭是凤凰县最早开发旅游的苗寨，2005年前的几年间，每年几乎有上十万的游客来此观光，之后渐渐的光景不再。这里人纳闷，怎么没人来了？寨里人与我攀谈。我说要看洋房城里到处都是，人家到这里来看的就是这些土房山寨，看的就是这方风土民俗，一旦这些"土"的、"俗"的东西不存在了，游客自然也就到此却步。

　　以前从山垭口即可俯瞰清一色的土屋。现在看到的是一栋栋新楼，古老的黄泥巴和吊脚楼民居被栋栋现代水泥建筑所取代，花十几万元修建的寨门，已是风雨飘摇，孤零零地伫立于山垭口。喜忧参半，欣喜的是昔日许许多多贫穷落后的山寨居家得到了改善，日子一天天好了起来，忧的是一些少数民族真正原生态有传统意义的东西没有得到应有的保护与传承。

63

凤凰县 千潭苗寨

64

凤凰县 千潭苗寨

凤凰县 叫阳溪家

田冲：山谷里的稻花飘香

田冲苗寨位于凤凰县的腹地，从凤凰县城至千工坪镇再往麻冲乡方向行走，大约八九公里就到了田冲。这里两边是山，房屋依山而建。中间是一谷地、田野，种有水稻。

第一次来到田冲是十月的秋季，正是收割季节，能闻到山谷里的稻谷飘香。寨民正在田里忙着割禾、收割，孩子们则在一旁嬉戏玩耍，也有的放牛、放羊、放猪，一派农家繁忙景象。

苗家人理想的居住地是"上边有坡可养牛，下边有田可种粮；河里取水可舀鱼，林中伐薪可狩猎"。所以，湘西苗寨大多选在地势险要，背风向阳，有水源，有耕地，有林子的地方居住。田冲就是这样很适人居的地方。

沿着石板路和石板院墙，走进用石板与泥土堆积的山寨里，对于我这个从小在农村里长大的孩子来说，有种不一样的情绪，似乎处处都有着泥土的芳香。

石板路曲曲弯弯，将散落在山坡上的一栋栋黄土屋连接成整体。秋日的阳光异常的干净明亮，照在黄土夯筑的墙面上，有着融融暖意。这里的吊脚楼与湘西北、湘西南部有很大的不同，不是全部采用木架结构，下半部基本是石头与土砖，上半部用木料。

穿行在这些古老的山寨里，行走其间，有时会感到，这哪里是人工有意的创造，分明是大自然天生的杰作，那些看似随意地伫立在山坡上的土屋，却不显杂乱，与周围的山势、田野、树林完美融合为一体。这一刻，物我两忘，时光凝固，岁月停留，以至于心中充满着感慨。

和千潭苗寨一样，田冲苗寨也曾经作为凤凰苗寨旅游点精心打造，热闹过一阵子之后，很快就变得冷冷清清。个中原因恐怕与乡村旅游热不无关系。一方面如何让传统村落得到有效的保护，一方面又如何让传统村落真正成为乡民的"摇钱树"；既要建设美丽乡村，又要留住乡愁，在利用传统村落发展乡村旅游过程中确实面临着许多难题。

就在最近的十几年时间里，我所走过的凤凰许多苗族山寨成片成片的不见了，大多泥土屋已被钢筋水泥建筑所取代，田冲亦是如此。

凤凰县 田冲苗寨

凤凰县 田冲苗寨

　　看苗家民居，你可以感觉到这里的能工巧匠甚至丝毫不逊色于城里的建筑师、工程师。房屋基脚每块石板二三十厘米厚，在构筑的时候不用水泥砂浆，建造出来的房屋都在百年或几百年以上，一样的经久耐用。

　　苗人在艰苦的山地条件下创造的独具特色的穿斗"干栏式"建筑在这里被赋予了更加夯实的基础。泥土在这里已经是物化了的建筑，石板在这里不仅仅是石板，它展现的是民族建筑文化，一种特有的乡村民居风物，承载着苗家人的生活，承载着一个村寨厚重的历史与传承。

凤凰县 龙角苗寨

龙角：有一种守候是眷恋

不知是哪股清风将我吹到这里。龙角苗寨距离凤凰县禾库镇仅2公里，黑瓦黄墙的苗家古民居，默默地掩隐在这崇山峻岭间，仿佛向人述说着千百年的沧桑变化。

何谓龙角？当地人说不清，也不知道是何时建寨。不过，后山岗上有两排八座清代道光和光绪年间的石刻墓碑，其中有朝廷封的当地命官守候这一方的山寨王，可见这个寨子不仅出了大人物，而且历史比较悠久。

湘西的许多寨子或许是因为更多的迁徙，或许是当地的贫穷与落后，少有丰厚的历史文化底蕴，不像湖南其他地区，大凡古村落均有血脉族群、迁徙路线、历史渊源与文化遗存。龙角苗寨明显不一样，触摸那些风化了的一排排一栋栋黄土屋，很难在其间触摸到它的历史与文化。

龙角民居多是平房间或有吊脚楼，平房结构有五柱四栺和三柱两栺两种，栺是不落地的短柱。房架有四联三间或三联两间。吊脚楼多为榫卯穿斗式木结构，双坡悬山顶或加档头帽角三面、四面流水屋顶。有一吊脚楼呈"走马转角楼"状。

龙角的房屋顶多用小青瓦，屋顶结构多为斜山顶两面倒水或三面倒水。两层结构的木质土屋，楼上楼下均可使用，一般是四个桡架组合成三大间的形式，凤凰各处的苗寨大多如此。

可以说，观龙角苗寨的建筑结构形式便知湘西的整个苗寨。这里没有小桥流水、桨声灯影，没有粉墙黛瓦、柳堤诗韵，日出而作、日落而息的生活在这里年复一年，日复一日，只是如今的年轻人已经不太习惯这种劳作，纷纷去了外面的世界。

于是，古老的寨子变成一座空城，唯有老人与儿童守候着，这种守候是无奈与期待，然而更多的可能是一种眷恋。

凤凰县 龙角苗寨

凤凰县 龙角苗寨

这栋 200 年的土石屋是我见过的至今留存最经典的老屋了。

走进这 200 年的黄土老屋，只见漆黑的屋子里一位老人借着微弱的光亮缝补着衣裳，再仔细看看老花眼镜一角已经折断，让一根绳子系着挂在高高的头帕上，这场景应该是湘西泥土房屋里人的既普通又贫困的生活写照。

龙角老年人无论男女，头上终日盘着长帕很是特别，尤其是女人头帕盘得比头还高出许多大出许多，走起路来看似头重脚轻，却极独特极有情趣，让原本个子不高的苗家人长高了许多，这是禾库地区有别于凤凰其他地区的平顶长帕之处。集市上，远远看见的就是这种长帕女人，很是抢眼。

凤凰县 两头羊苗寨

两头羊：仿佛有童年的身影

很久以前就听人说起凤凰两头羊这个地方，本来从吉首有条近路可达两头羊，我是从山江经毛都塘至凉灯再到两头羊，绕了大半个圈不算，路实在太烂难走。两头羊过去是一个乡的所在地，后来撤乡并镇，属吉信镇，如今的两头羊成了一个村寨，自然没有了过去的热闹，冷清多了。加之原本地处偏僻，几乎与外界少有来往。

有县志资料这样记载：两头羊位于半坡上，寨前寨后有数棵几百年的古老风水树，近代出了2个举人，1个武举人，3个苗秀才，三代出了苗官，是苗文化与汉文化结合最早的寨子之一。这种记载在湘西的寨子里是极其少见的，于是让我有种非来不可的欲望。

两头羊苗寨几乎是处在一个半圆形的山窝里，坐北朝南，背风向阳，土石屋民居从山脚向高坡铺排而上，青石基、黄土墙、桐漆木门、窑制黑瓦建筑，初看上去东一栋西一栋，细看还是有序的，尤其从西南山坡上俯瞰，建筑鳞次栉比，高低错落有致。

在凤凰腊尔山台地上，藏聚有许多像两头羊这样的山寨。它们普通而古老，朴实且小家碧玉般精巧，见多了，似乎寨与寨没有多少区分，一样的黄泥墙，一样的石板巷，也许正是这样才构成了湘西苗寨聚落独有的民居特色。

它们就像一丛丛幽兰，生长在湘西大山里，表面朴实无华，暗里却散发着馨香。那门前的古井，屋后的老树，虚掩的院落和扎着竹篱笆的菜园，还有那年长的近乎驼了背的老人，无不散发着浓郁的乡土气息。

在这里，你所遇见的每一个画面，或许都曾是你童年生活最熟悉的记忆景象，走近它，猪啊，牛啊，羊啊，似乎都是你所经历过的场景。在这里，你不会感觉像城市里大街两边的摩天大楼，有丝毫的拘束和压抑，从内心里会油然而生一种说不出的宁静和亲切。

拿一条小板凳，坐在石板篱笆围成的小院里，或背靠黄土墙，眺望门前起伏的山峦，如黛的松林，似火的红枫，阳光温柔地抚摸着你的脸，会生出温馨的暖意。

凤凰县 两头羊苗寨

凤凰县 两头羊苗寨

凤凰县 两头羊苗寨

凤凰县 两头羊苗寨

院子外面，寨巷幽深，若像这位老人一样，偶尔闭上你的双眼，浮现
的是大地的七彩斑斓，你会感觉身心是如此贴近这片土地，灵魂早已融入身
边的这片风景。前门坐着的这位老人，岁月的纹路爬满了沧桑的脸庞，紫铜
色的脸，佝偻着的背，饱经风霜中包含着善良，那形色，我可以用"古色古
香"来形容。

米良：篱笆与石条垒积的山寨

米良乡是凤凰与花垣和吉首的交界之地，从禾库镇往西北走不出几公里就属凤凰县米良乡，沿着山腰与山岭往里走，山越来越高，路越来越难行，渐渐地你会看到几栋零散的土房子，也有几个房屋相对集中的寨子。

它们是夯来、吉乐、夯都、叭仁等苗寨，到了叭仁是公路的尽头。这些寨名都是苗语意，吉乐是米良人最多的寨子。这里四周仿佛都是被悬崖峭壁包围了似的，站在山顶的路边往下看，会让你不寒而栗，若是在晴朗天气，最远处还可以看到高速公路和著名的矮寨大桥。

这些山寨除了夯都是岩板房，大多是竹篱笆房。墙壁是黄泥巴与牛屎掺和在一起，然后糊在竹子上，再插到碎石块砌就的房屋基脚，就是一堵堵厚实的墙体了，这种房屋结构在湘西尤其是凤凰苗寨比较普遍。

夯都苗寨过去是军事防御型要寨堡，不仅规模较大，且巷道和寨墙是石条砌成，有石头拱门、石墙、石碉楼，蜿蜒曲折的青石板路通往各家各户。

凤凰县 米良叭仁苗寨

凤凰县 米良叭仁苗寨

凤凰县 米良叭仁苗寨

米良因地处高寒山区，农事与县城大概相差一个节气。又因石灰岩蓄不住水，少有能种植水稻的农田，所以极少的耕地里只能生产玉米、黄豆之类的耐旱作物。因为穷，这里有不少终身未娶的单身汉。寨里一位老人说，寨子90多个35岁以上的男人娶不到老婆，能来到这里的女人都是非常勤劳质朴的，许多老人从未走出过大山，他们终日地守候着这片贫瘠的土地。

过去这里来往人不多，后来更是少之又少，百姓有首这样的歌谣："地无三尺平，半年无天晴；常年雾中过，冬春冰上行；竹编牛屎墙，有女不嫁米良。"足见其贫困的境地。米良村口，有一块早些年立的碑志，上面刻着这样一段话：米良苗寨，地处高寒，地域偏僻，群山阻隔，山高路险，世代苗民，肩挑背负，贫穷落后，苦不堪言……

生活尽管很是清苦，而老人的脸上却从未掠过丝丝悲凉。尽管没有了牙齿，嘴唇已经凹了进去，然而笑起来一样的动人，看得出那笑容里堆满了对生命的温暖与世事间的淡然。

凤凰县 米良夯都苗寨

坐在自家门前的这位孤寡老人姓麻，86 岁。一个人生活在这快要坍塌的屋子里。屋外是一些碎石围起的小院，里面仅一栋低矮的竹篱笆房子，门梁已经断裂。

我想给她拍照，样子好像有些拒绝，且讲些听不懂的苗话。恰巧有个赶羊的从她家门口经过，当我说明来意时，她说她没有钱，问照相要多少钱。原来如此。这与那些开发了的商业化寨子动辄要钱相比，形成鲜明的对照。多淳朴啊，实实在在的感动。

凤凰县 米良叭仁苗寨

凤凰县 米良夯来苗寨

禾库：湘西最后的花样世界

禾库，苗语意为"天坑""地洞"。传说有一条五爪长龙，经常出来兴风作浪，闹得此地不得安宁。为降伏长龙，苗民请来法师在山上垒了一座石塔，将长龙镇在地下，洪水退去，出现了一片地洞，禾库也就因此而得名。

湘西历来闭塞，被外界视为不开化的荒蛮之地，高山河谷的阻挡，在一定程度上缓冲了少数民族被同化的速度。腊尔山腹地禾库镇地处凤凰县的西北端，或许是地处偏远，这里至今还保存着一些比较原生态的生活场景和风土民俗。

每月农历有"一""六"为"赶场"日，你会看到身着艳丽苗族服装、佩戴满身银饰、说着苗话的苗家女，款款向你走来，一时间把整个的集市装扮得山花银海般，五颜六色，叫人眼花缭乱，目不暇接。偶尔，还能听到悦耳的银饰铃铛声。

这场景，别说在内地的大湘西地区，就是在许多边远的少数民族中也极其的少见了。这些年来，我几乎跑遍了凤凰乃至湘西大多的集镇，唯禾库还能看到赶集时少数民族服装点缀的花花绿绿的场景，自然被摄影爱好者所关切。

他们穿着传统苗族服装，沿袭着商品交换最初的简单模式，带上自家产的产品，如山货土货等，换回些平日里过日子所需要的商品。同时，顺便会会亲戚，看看朋友，还有的在此提亲，谈论男女婚嫁之事。乡里人，有时就是靠这个凝聚乡情，传续民俗，也传承着本民族的传统与文化。

服饰，作为一种特殊的文化符号，绝不是单一的取暖好看的功能，作为一种造型象征，它折射的是一个民族的历史文化和历史影迹。服饰对于少数民族来说，是一种族群身份的表达，每个时代和每个民族都有自己的身价标识。而这种身价标识的外在表现就是服饰。

老年妇女仍保留着传统苗族服装，从事劳作也穿着它，年轻女孩只在歌舞表演或节庆时才穿着苗服。这种服饰穿着的变化也是社会发展的必然。

这个世界变化实在太快，太快意味着旧的东西消失快。大湘西的苗、侗、土三大少数民族中，两样东西消失得最快：古老的民居和民族服装。凤凰、花垣历来是苗族人聚集之地，且妇女们一直保持着传统的服饰，现在也很少看见了。

凤凰县 禾库 集市

凤凰县 禾库 集市

88

凤凰县 禾库 集市

凤凰县 禾库 集市

看他们聚在一起，好不热闹。来赶集的男女老少个个面带喜色，像是过节一般，把禾库的几条老街古巷挤得水泄不通。尤具特色的是"绣品一条街"。其实是一条小巷，两侧的墙壁上挂满了各样的绣品，长长的条饰，宽大的裙饰与绣面，分类拉开，好似张灯结彩。那头缠横格长布的女人们或成群议论，或单独挑选，与摊主商议着价格。

89

凤凰县 禾库 集市

凤凰县 禾库 集市

这里虽然偏僻，但因地处三省交界之地，还保留些原有的风貌和过往的习俗，尤其是赶集那天，十里三乡的男男女女，如走亲戚一般都会汇集于此。

在各式摊点和街巷间流连，看各色货品，看买卖的人，看人来人往，看这偏僻小镇的真实生活和花样世界，几分惬意，几分难忘。他们神情如此贯注，如此精挑细选，且洋溢着喜悦，倾注着心愿，仿佛是在挑选着美好，挑选着未来与幸福。

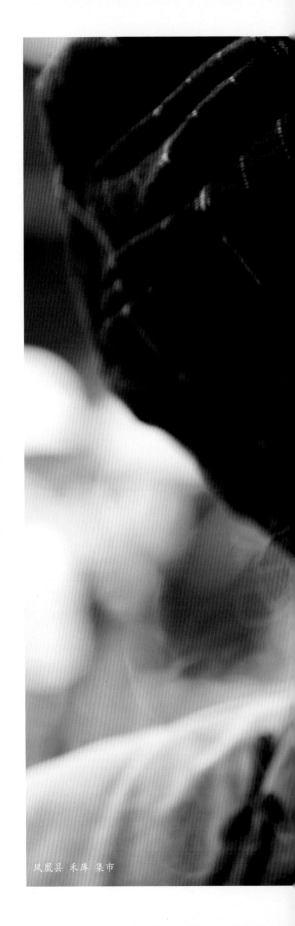

凤凰县 禾库 集市

　　这位苗族老太太名叫吴花妹，2011 年我在凤凰县禾库镇拍摄赶集的场景时，见她一边抽着烟，一边守着一担青菜和几个篾筐在售卖，便上前打听，知她家住米良夯来。问她多大岁数了，她说 83 岁了。一大早挑着担子走了几公里山路来到集市上。

　　拍摄古村山寨，自然要记录当地人的生活状况与场景，而老年人无疑是画面里的主角，尤其是那些上了岁数且饱经风霜，满目沧桑的脸孔更加会吸引我的镜头。这位苗族老人，第一眼就让我充满感动，不是因为 80 多岁还挑着蔬菜到镇上叫卖，而是她那眼神、那端庄的仪态，还有她那抽旱烟的手势与神情，一切仿佛是经过风霜雨雪雕琢了似的。曾对朋友们说，她是我拍摄湘西的三大美人之一。其他两位，一位同在凤凰的老洞，姓龙；一位在永顺列夕，姓黄。这位姓吴，名花妹。一听这名字，望文生义，如花一般。

　　后来，我随这位老人到了她家里，以后的几年间我又先后去看望过几次。晴天，她下地干活，雨天在家编织竹篾箩。人上八十，真是一年一个样，然而她身体依旧硬朗，有时还会去镇上看看，只是不再走路。她和儿孙住在一起，家和许多的苗家人一样，一层低矮的房子，除了床和床上挂着的漆黑帐子，还有一张小饭桌和一个火塘，其他似乎再没有像样的家什。

花垣县 板栗苗寨 鸟瞰

板栗：梅花散落山水间

　　一个被国际地球科学联合会确立为全球地层年表寒武季的首枚"金钉子"标本地——排碧寒武纪世界地质公园旁边，一个古老的村子，一个著名的苗族民俗文化村就坐落在五座如梅花分布的山丛之中——板栗苗寨。

　　湘西花垣县板栗苗寨因板栗树多而得名，又因为它坐落在一个特殊的地理位置而颇受世人的关注。

　　走进板栗苗寨，漫山遍野的板栗树就会跃入眼前。航拍机从高处俯瞰，一排排苗家砖瓦房层层叠叠、错落有致地绕着四周的山间和田野散落开来，一栋栋吊脚木楼穿插其中，碎石块铺成的村道在排与排的房舍之间迂回穿插，并沿着山体逶迤攀升到山顶。

　　历史悠久的板栗苗寨，一个纯苗族聚居村，人人都说苗语，个个能唱苗歌。石板路、苗族老人、牛粪篱笆墙……湘西古老的建筑与民风民俗浸染着这深山里的寨子。

　　触摸几百年前的巨石围墙，欣赏苗家姑娘的苗绣与蜡染，看寨民锣鼓喧天、狮舞龙跃的场景和打苗鼓、上刀梯、吹唢呐、赶秋日表演，还有巴岱（苗族巫师）们做法事，苗家巫师其间施行的各种手诀和咒语，呢喃中和符咒灰烬的飞扬中，会把人们带到一个个远古神话故事之中。

　　来到这里，处处能领略到这个苗家山寨里那浓浓的民俗与风情。怪不得法国著名民俗家皮埃尔夫妇曾经在板栗寨住了半年之久，在他们依依不舍地告别寨民时还激动地说："这里山清水秀、民风淳朴，是个真正的世外桃源，我们还要来的。"

花垣县 板栗苗寨

许多时候，让我有一种无以言状的心境：那是一个个瞬间，一次次被感动。无论城市还是乡村，生活越来越富裕了，那些经过劳作、过过苦日子、满脸皱纹的老人越来越少。留住乡愁，连同那些古老的建筑一样，也想把它们留住。这位老人几乎满脸写着乡愁。

花垣县 扪岱苗寨

花垣县 扪岱苗寨

扪岱：多彩的石头苗寨

2013年春节来临之际，有凤凰的摄影朋友说，凤凰与花垣交界的雅酉乡扪岱村有场盛大的民俗活动，于是来到这里。从凤凰县城往花垣方向，经腊尔山、两林，即到了扪岱苗寨。

原来是县政府在这里举行传统民俗节，男男女女都穿着传统的苗服，敲锣舞狮，载歌载舞，蜂拥而到。周边的几个苗寨也来了许多看热闹的人，把山腰上的扪岱挤得水泄不通，寨前寨后、山坡山窝都挤满了人。

扪岱地处湘西凤凰、花垣和贵州松桃三县交界处，其视野开阔，远处群山逶迤，四周被扪岱山、高热能山、高桥山、高德扛山、高热摸山、高老镜山等群山环绕，扪岱溪、追坝河从村内蜿蜒而过。一个建在半山腰上的古老苗家石寨，依山而建，一层一层往上延伸，形成以宗族为主的居住聚落。

扪岱，苗语意译，"扪"是大，"岱"是宽厚，坐落于扪岱山，故名扪岱。山寨形成于元代以前，到现在已有千余年的历史，算得上花垣乃至湘西地区最古老的山寨之一。扪岱属于高寒苗族地区"隆"姓的发祥地，由隆姓阿濮老统创建，古名叫高果，即"古寨"的意思。整个寨子三面环水，依山坡而建，呈半岛型布局，民居以石质结构建筑为主，少部分木质吊脚楼，因建造年代较久，现存少量明代建筑，大多是清代和民国时期的建筑。

扪岱有"中国石头村""苗族文化活化石""建筑界璀璨明珠"等美誉。这里的苗家女很讲究身穿的所有：头饰、首饰、衣饰、背饰、胸颈饰，还有腰坠饰、脚饰。可谓是银珠一串串，行走起来叮当作响，把整个扪岱装扮如节日一般，个个都十分抢眼。尤其是苗家女人们，她们浓抹盛装，那独具观赏性的银饰，把苗族女人衬托得美丽多姿，甚至是风情万种。

扪岱至今仍保持着异质的苗族生活习俗、传统的民俗民风、神秘的苗药巫术神功。被列入湘西三大谜团的"赶尸""落洞""放蛊"的神秘文化，自然让这方神圣之地披上了一层层神秘的外纱。穿着大红长袍的红衣老法师做法事，手势、咒语，外人是无法读懂的。

花垣县 扪岱苗寨 法师做法事

花垣县 扪岱苗寨 法师做法事

花垣县 扪岱苗寨 法师做法事

花垣县 扪岱苗寨 上刀梯 踩铧犁口

花垣县 扪岱苗寨 菜油喷火

人说，扪岱是一座神秘的寨子。在这里，还见识了苗寨里的另一种神秘文化。至今，扪岱保留着许多湘西苗族地区传统习俗：法师的法术咒语、艺人的菜油喷火、女人赤脚踩烙铁、男人眼皮提水桶，以及扁担定鸡等等。他们以自己独有的民间传统形式或庆贺新春，或迎亲嫁娶，或祈福来年，也向世人展示，让世人大开了眼界，这些巫师们和传统艺人们，仿佛要把整个山寨"动"起来，热闹非凡。

在湘西，流传着许多神秘的巫文化："赶尸""放蛊""降仙""求神"等等。每当讲起这些时，这里的人似乎个个津津乐道，并且似乎都可以在这里寻找到它的出处与真谛。

花垣县 扪岱苗寨

据说"赶尸"是古时苗人在外工作，如果客死异乡，尸体一定要让巫师做法事，由背尸人背回故乡。他们认为只有回到故乡，灵魂才可以安息。

关于"落洞"的传说，它是源于湘西旧时的一个习俗。湘西奉传万物有灵，树有树神，洞有洞神。相传女子出嫁时，花轿如果要经过洞口，必须停下来放鞭炮，以免惹怒洞神。若洞神见女子漂亮，便会把她的魂魄给勾去，这女子便会变得疯疯癫癫，民间把这种女子叫作"落洞女"。一旦成为"落洞女"，就没人敢娶了，一直到某个山洞里自闭而死。

"放蛊"听起来更玄，是湘西少数民族最为悠久的一种神秘文化，在很多的偏远村落，它一直在民间的传说之中。我在想，如果没有湘西，中国定将少一分神秘。湘西不仅仅是凤凰，凤凰因那个写翠翠的沈从文而让世界垂青。然而更宽更广的湘西仍处秘境之中。甚至由于区位所限，湘西可能还有许多的秘境有待人们去发掘去发现。

服饰的起源与人类文化的发展紧密联系在一起，不同的民族有不同的服饰文化，苗族服饰图案被称为"研究民族历史文化的活化石"，也有人认为苗族服饰是"穿在身上的史诗图腾"。苗族因其分布广泛，故苗族服饰的分类很多，据说有100多种。

这位老人叫麻妹花，88岁。像这样的头帕只有80岁以上的老人还珍藏着，年轻人的服饰已经变得越来越装饰化与舞台化了，渐渐地淡出苗人日常生活服饰的视野。

随着社会的发展与融合，和其他许多少数民族一样，很少有人穿自己的民族服装了，然而扣俗苗寨还保持着许多的传统服装，老人们下地干活仍然是古装苗服，只有年轻人在节日才着民族服饰。

不错，多彩的头帕和满身的银饰确是一种原始苗族服饰的符号与象征，穿在身上的恰似一部民族文化服饰符号的史书。苗人在历史的长河中创造了绚丽多姿的独特服饰，她们心灵手巧，纺纱、织布，家家户户妇女都会。小女孩从7岁起就开始学，这门技艺被作为衡量一个女子是否聪明勤劳的标准。

花垣县 扪岱苗寨

花垣县 扣岱苗寨 银饰

在湘西行走，见过不少迎亲嫁娶的场面。一个个苗家女接亲的送亲的，从头到脚都挂满了漂亮无比的银饰，不得不佩服这些偏僻古寨里的老银匠之手。

苗族女人爱美。湘西苗乡有句俗语："锦鸡美在羽毛，苗女美在银饰。"无论男女，都有佩戴银饰的习惯。尤其对于女性，银帽、银项圈、披肩、腰链、手镯等等，从头到脚，身体的每一个部位几乎都有相应的银饰予以装扮。每逢节庆，所有的苗族人都会穿上盛装，佩戴银饰，载歌载舞，尽情地展示这个民族的欢乐与美丽。特别是男婚女嫁时，满身的银饰让婆亲队伍一路五彩缤纷，花枝招展。

究其原因，有苗服研究专家说，他们长年住在偏僻的大山里，大自然原本是一个绚丽多彩的世界，加之苗族是一个苦难的民族，长期被中原统治者排挤、驱赶，导致的抗争、血战、迁徙，给这个民族带来巨大的创伤。但苦难再大再多，苗族人的血液里永远淌着乐观的因子和对美的向往。他们热爱生活，自然酷爱打扮自己。

苗族银饰锻制技艺历史悠久，先后经历了从原始装饰品到岩石贝壳装饰品、从植物花卉饰品到金银饰品的演进过程。五斗苗寨的银匠们打造银饰都是家庭作坊式，一人做银，全家皆忙碌，整个流程全是手工操作完成。银匠根据服者的需要，先把熔炼过的白银制成薄片、银条或银丝，利用压、刻、镂等30多道工序，制出精美纹样，然后再焊接或编织成型。据说，一整套婚嫁银饰最快也要四五天才能完成，而且造价不菲，价格与做工加起来，高达十万元，甚至更多。

银饰作为苗族最喜爱的传统饰物，和藏族的哈达、汉族的礼品一样珍贵。苗族服装及银饰作为一种文化在历史上一直被许多民族青睐，并成为多元文化交流的载体之一。他们用自己的智慧双手打造最完美的苗家装饰艺术品，并且一直守护在大山里，传承着这种古老的工艺。

坪朗：峒河上的"拉拉渡"

好多年前去云南怒江大峡谷，见过那里的"溜索"，一种古老的原始的过河渡江方式。湖南湘西有另一种"溜索"，即"拉拉渡"。吉首的坪朗世代就是沿用这种古老的方式过河。

坪朗苗寨位于吉首市寨阳乡，距离吉首市市区只10来公里，距离矮寨仅2公里，209国道穿寨而过。源于凤凰流经此地的峒河在这里转了个"S"大拐弯，有着"田园坪朗"和"湘西苗族风情第一寨"美誉的坪朗苗族山寨，就坐落在峒河对岸。

这里三面绕水，四周环山，群峰叠嶂，树木葱茏，我去时正好下了一场大雨，云雾笼罩下的坪朗显得更加婀娜多姿。

坪朗何时建寨，没有资料可查，询问寨里的老人，他们亦不怎么清楚，说大概是明末清初年间从山那边迁过来的，沿河边保存一段巨石构筑的百十米长的寨墙与石拱门，足见已有几百年的历史了。寨子里的房屋青砖黑瓦，多建于清末和民国初年，数了数也只有十来栋，坐落在峒河大回水湾高低错落的台地上。房屋以砖木结构为主，青砖黑瓦，与周边山体浑然一体。远看，青山环绕，云雾缥缈；近看，古寨掩映在绿林之中，很是宜人。

坪朗湘西德夯风景区，一抬头可以看见远方的矮寨高速公路大桥。2010年去坪朗时，村民进出还是一直沿用"拉拉渡"，"拉拉渡"成了这个原生态自然村落的独特风景。

文学巨匠沈从文的《边城》对"拉拉渡"有过一段仔细的描写："渡船头竖了一支小小竹竿，挂着一个小小的铁环，溪岸两端水面横牵了一段竹缆，有人过渡时，把铁环挂在竹缆上，船上人就引手攀缘那条缆绳，慢慢地牵船过对岸去。"

坪朗的"拉拉渡"同沈从文笔下所描写的一模一样。6年后当我再次来到坪朗时，政府已经修建了桥梁，并在桥旁边还修了一座稍高于水面的跳石桥。有了桥，过河更加便捷，"拉拉渡"从此不在。

如今，寨子里类似吊脚楼的房子明显增多，峒河两岸都住满了人家，仿古青砖屋比比皆是，"拉拉渡"也已消失在旧日的时光里，已经成为看不见的风景。但寨子里仍然还能看到少许赭色的木板房和土夯的泥墙房，那堵古老的石头墙仍然仡立着，还有那耄耋老人眷恋的目光。

吉首市 坪朗苗寨 "拉拉渡"

吉首市 坪朗苗寨 "拉拉渡"

　　这位苗族老人叫吴翠英，83 岁，满脸的慈祥与笑容。寨里人说，她几乎每天都会坐在自家的石门槛旁，看这山这水。我给她拍照，回长沙后将照片放大寄给她，后来她儿子打电话说，老太太拿到这张照片很长时间笑得合不拢嘴。

　　给老人们拍照留影，已经成了我这些年来拍摄古村落的一部分，每次外出一段时间都会冲洗出一大堆照片来，然后分别用挂号信寄过去，或是日后去时再送给他们。这些于我，既是一种爱好与乐趣，属举手之劳，也当是一种行善，馈赠于社会。

吉首市 坪朗苗寨

麻阳苗族自治县 报木山寨

报木山寨："边墙"的苗疆要塞

报木山寨，位于湘黔两省、凤凰麻阳碧江三县交界处，是麻阳苗族自治县郭公坪镇一个村，也是个寨，还是一座城堡。报木山寨依山而建，麻阳至铜仁古驿道在寨前绕过，沿驿道南去就是川洞古碉。

报木山寨堡和一般古寨不同，上百栋明清时期的建筑，风火墙鳌头式围墙，设总大门、二门、三门等多道青石条大门。

报木山寨堡的房屋为木瓦结构，泥土建筑，系三间开、天井、两厢，装镂花木板壁、木条窗户。镂花是湘西苗家典型木刻技法雕刻，有花、鸟、虫、鱼及虎、狮、牛、马等；基脚多为青石，也有土砖围墙，山寨外围墙建丈余高青石条寨墙，墙上有"瞭望口""枪眼"。

这种古建筑群实际上是一个大型碉堡，今天仍可以看到很多老房子的土砖墙上残留的弹孔，依稀可见其作为"苗疆前哨"的雄姿，是明清古军事遗址的缩影。

有种说法，据专家考证，南长城在凤凰，可源头在麻阳的报木山寨。洞口山梁对峙耸立着的那两座古代石砌碉楼，就是中国南长城的源头遗迹。南长城始建于汉朝，盛于明代万历年间。明嘉靖二十三年(1544)，贵州铜仁平头苗民举行起义，史称"铜平苗民暴动"，麻阳苗汉也参与其中。明遣兵围剿，义军战败。从明万历四十三年(1615)起，朝廷耗巨资，动用民工修建南方"边墙"：西起贵州铜仁亭子关，经湖南凤凰，至麻阳郭公坪，绵延数百里。麻阳地段的"边墙"，是在东汉长城基础上修复而成。

一路"苗疆边墙"就是一段烽烟故事。为抵御外敌的进犯，苗民在川洞悬崖绝壁上修了栈道，20世纪80年代修铜(仁)麻(阳)公路时把栈道毁弃，但石壁上锉凿的痕迹尚存，从当地曾经的动乱以及战争遗留下的痕迹，能直观地感悟到历史大变迁里中原文明与苗族文化冲突与融合的痕迹。

如今，昔日威风凛凛、固若金汤的古围墙和古碉堡已毁，民风强悍的历史早已成为过往烟云。

吉首市 德夯苗寨

德夯：有种风景是会醉的

很少有风景会让人醉的，然而湘西的矮寨、德夯就有这样的风景。从吉首沿着峒河溯流而上，不出3公里，山的形状开始峻朗起来，弯弯曲曲的河谷两岸，层峦之下出现一片片开阔谷地，谷地间散落着一个个寨子：庄稼、坪朗、矮寨、德夯。

到了矮寨，抬头便可以看到世界上的两大公路奇观：一是20世纪40年代修建的打通湘黔运输线的我国第一座立交桥的中国公路奇观；一是2012年建成的堪称"世界第一悬索桥"的高速公路奇观。

从矮寨沿溪上行4公里就到了德夯，只见一栋栋吊脚楼镶嵌在这青山、深谷之中。这里全是灰瓦木屋，即"干栏式"全木结构吊脚楼，五柱八挂、四品排房，有着鲜明湘西建筑风格的、巧夺天工的吊脚楼老宅。

德夯，苗语为"美丽的峡谷"。一个苗族聚居的自然山寨。德夯峡谷是国内典型的喀斯特岩溶峡谷地貌，包括玉泉溪大峡谷、夯峡溪大峡谷、九龙溪大峡谷。这里，四周绝壁高耸，人迹罕至，原始的独秀峰"盘古峰"甚是壮观。这里，有全国落差最高、中国游客最喜欢的十大瀑布之一的流沙瀑布。这里，还保存着苗族最原生态的民居：竹片、黄泥、牛粪构筑的古老吊脚楼建筑。

湘西吊脚楼一般楼上住人，底楼作畜舍或搁置农具及石磨等生活设施。德夯吊脚楼的四周铺设走廊，方形窗户用木条装上万字格花纹，屋檐呈鱼尾上翘，屋基选择看重"龙脉"走向和地理气势。板壁都油漆发亮，窗棂雕龙刻凤，火塘地楼亦保持着古式模样。

德夯有座横跨九龙溪的古老石拱桥，桥下有潺潺流水，顺着小溪上去可以看到两处瀑布，最远处的流沙瀑布高百丈，壮观而秀美。纵横在德夯小巷里的青石板路穿寨而过，巷道两边摆满了各样商品，还有古老的织布机，每天有老人在上面织着各种颜色的布料，大都是些旅游产品。

德夯人心灵手巧，女的织花带、绣花鞋、跳鼓舞、唱山歌，个个都行；男的编竹品、制盆景、练气功、打苗拳，人人都会，每逢游客邀请，男男女女都乐意为客人献艺表演。在德夯旅游，可以亲手榨油、造纸、织布、碾米等，体验一把古老的民俗风情。

吉首市 德夯苗寨 古桥

德夯上去是"天问台"。第一次是顺着盘山公路不知绕了多少弯到的"天问台"。"天问台"四周，山势雄伟，绝壁高耸，峰林重叠，悬崖如削。这里山势跌宕，形成了许多断崖、石壁、瀑布、原始森林。

第二次是去吉斗寨。吉斗寨在"天问台"旁边，我独自一人从德夯顺着西边的峡谷往山上爬，说是爬其实是攀登。从谷底抬头可见山峰，却攀登了一个多小时。这条路过去是极少有人走的。站在"天问台"，我首先深深地吸了一口气，仿佛是仙气，又像是到了另一个神奇的世界。"天问台"常有云气雾岚在壑谷翻涌，斧削刀劈的山峰气势磅礴。传说三闾大夫屈原当年曾在这里向天发问。根据琼瑶著名小说拍摄的电影《六个梦》也在此拍过不少外景。

吉首市 德夯 天问台

湘西矮寨，一幅浓浓的水墨画。站在"世界第一悬索桥"的高速公路俯瞰，玉带般的峒河、峻峭的山峦、诗意的田野、秀丽的古寨风光尽收眼底；远山、河流、云雾，将矮寨涂抹成一幅多彩的水墨山水画。

吉首市 矮寨 俯瞰

老司岩：猛洞河岸的千年古寨

从永顺王村坐船，沿猛洞河逆水而上，约10来公里水路靠北岸上码头，然后沿着很陡、很长的石板路一直往上走不出半里路，一座千年古寨出现在跟前：古丈县老司岩土家寨。

就其规模和历史渊源来讲，老司岩与其说是一个寨倒不如说是一座城，而且是一座不小的土司城。最早的历史虽无考证，但明清两朝却有记载并且记载的是这里的最为鼎盛的时期。那时，土家王朝的权力中心在王村，而曾经的商业中心却在老司岩，这似乎有些不便理解。

老司岩三面环水，自古以来便是西至巴蜀、北通湖湘的必经之地，且为800年湘西土司王朝的军事前哨。那时这里是一个很大的物资集散地，码头上船只云集，寨内商贾如云。从现在遗存的残缺铺面，就可以追忆其当时的繁荣风光景象。

据说这里读书人很多，并升有一官半职的。相传有一年有官船往上游送货，到了老司岩后需要补充纤夫，押运官吏要寨里人拉纤，结果村里下来一堆人，个个身穿官服，戴的花翎官位都比押运官高，问要哪个去拉纤，吓得押运官赔完罪后逃之夭夭。

沿着青石路拾级而上，老街两旁均是古老的店铺，留存的几栋大宅院分别位于石头山上或冈丘坡地。当地人说，寨子虽然不大，只六七百人，却有15个姓，其中又以张姓和米姓为主，有"张三千，米八百"之说。

后来黄姓成了这里的大姓，黄姓祖上也曾在此显赫一时，至今留有的两栋"紫荆屋"，都是黄氏祖屋，而且年代久远。直到今天，许多湘西北黄氏宗族都称自己是从湘西老司岩的"紫荆屋"出来的。

历数百年风雨变更，如今的老司岩已繁华淡去，落寞冷清。昔日的店铺只留下空空的、破损了的柜台，过去富贵的大屋已寥寥无几，有几处已是破壁残垣，有些毁于大火，有些败于贫穷，有些消于战争，整个寨子已经很陈旧，许多老屋已是人去楼空。

古丈县 老司岩

古丈县 老司岩 紫荆屋 窗花

　　老司岩最著名的建筑属"紫荆屋"，虽然也是木质结构的湘西地区老民宅，却与普通房子不尽相同，大门有"二梁"，上方写有"百福骈臻，千祥云集"八字，里面是四合院，台阶、天井均用红条石铺就，柱石精雕细琢，各处窗花不失精美，尽显老屋古风。

永顺县 老司城

122

老司城：辉煌与落没　古与今重现

2015 年 7 月 4 日从德国波恩召开的第 39 届世界遗产大会上传来喜讯：湖南永顺老司城遗址、湖北唐崖土司遗址、贵州播州海龙屯遗址联合申报的"土司遗址"通过审议和表决，大会主席宣告中国"土司遗址"列入《世界遗产名录》。

老司城又叫福石城，为溪州土司的故都。唐代末年，江西彭氏征服了五溪诸蛮以后，当上了溪州地区的土皇帝，建都城于永顺会溪坪。第十一代土司彭福石于南宋绍兴五年（1135）移都城于此。

溪州土司从五代起，即彭氏的世袭政权开始，承袭 34 次，27 代，时达 800 余年之久，而且从未中断过，这种统治历史之久，在国内其他少数民族中是少有的。

《永顺县志》载：经过彭氏 13 代土司的经营，老司城有近六百年昌盛期。彭氏土司政权的故都昌盛时期曾是"城内三千户，城外八百家"。清代土家族诗人彭旋铎有诗云：福石城中锦作窝，土王宫畔水生波；红灯万盏人千叠，一片缠绵摆手歌。到了清雍正初，朝廷国力强大，为实现天下一统，加强了边远地区的中央集权管理，对西南诸土司实行"改土归流"。

清雍正六年（1728），永顺土司彭肇槐自动献土，皇帝诏谕，改为流官，带着子孙离开湘西，回江西祖籍。或许是考虑到彭氏在东南沿海剿倭平寇的威名，敕任福建、台湾总兵。至此，延续了 9 个王朝计 818 年的永顺土司政权终告结束。据说，末代土司彭肇槐携家眷离别老司城时，行至灵溪河，心痛欲绝，坠落马下，长跪河边，泪似飞雨。从此，老司城逐渐冷落萧条，以至于到了后来荒芜、无人问津的境地。

祖师殿是老司城最大的保存最好的一座建筑，也是最具湘西土家族特色的建筑，已经 1000 多年。

走出祖师殿，看看四周，没有很抢眼的可以拍摄，一旁有座紫禁山，是历代土司的墓葬集中地，后来政府加大了老司城考古发掘的力度，不出几年，终获大胜，居然成了世界文化遗产，一开始真还让人有些匪夷所思，细细一想，是实至名归。

无论怎样，老司城辉煌早已远去。但这里的每一寸土地、每一块陈砖破瓦，都折射出一个民族的辉煌与沧桑。老司城作为中国历史上一个特殊"王朝"的故都，在中华历史长河中写就了一段可圈可点的篇章，这确是事实。

今天，她又重回人们的记忆里。

永顺县 老司城 老街

　　第一次来到老司城是 2007 年，尚未通公路，一出永顺县城只好踩着狭窄的乱石泥土路前行，拐了无数道弯上到高处时，看见被当地人誉为"万马归朝"的群山。那山甚是奇特，依次排列，形态各异，有种桂林山峰的味道，恰似一幅水墨画，让人忍不住驻足观赏了许久。

　　从县城到老司城，虽然只十几公里却走了两个多小时，来到一条弯弯曲曲的小河边，坐着竹筏到对岸，就是老司城了。只见一条百余米长且铺满鹅卵石的残缺道路，当地人讲这就是老司城从前的老街。两边有零星的几栋木板房，几个小孩在乱石一旁玩耍，再无他人。

永顺县 老司城 祖师殿

祖师殿，门前立有一对抱鼓石。祖师殿是老司城最大的也是保存最好的一座建筑，始建于后晋天福二年（937），明嘉靖年间重修，已经1000多年。古老殿堂依山势呈阶梯状往上，重重叠叠，极其壮观。正殿34根大柱为珍贵楠木，梁柱衔接无斧凿痕迹，是湘西土家族特色的建筑群。守殿的老人说，当年修建北京紫禁城时就使用了老司城山区的楠木，而且是由土司彭廷椿亲自督送到京的。此话并无考证，是真是假就当一回传说，不过紫禁城内确用楠木建筑材质。

永顺县 老司城 古建筑

128

永顺县 老司城 明代巨钟

　　祖师殿内有一口明代巨钟，据说这本是一口铜钟，"文革"期间有红卫兵欲将其当"四旧"烧掉，但烧着烧着钟由红变黄，就是不熔化，乡下人便说这钟有灵，成金了，也成精了，红卫兵们怕了，不敢再动。于是，钟保留下来，如今成了镇殿之宝。我试着敲了几下，传出来的声音确实与其他古刹钟声明显不同，清脆悦耳，回声久久在殿堂缭绕，以至传至山谷。

靖州苗族自治县 老里苗寨 吊脚楼

二、吊脚楼：你让美感十足的木板屋独领风骚千百年

最原始雏形的"干栏式"演变成最具民族建筑特色的吊脚楼，这种史前建筑基本形态——"巢居"式古老民居在湘西比比皆是，它既是苗、侗、土家族世代栖居之所，也是少数民族独有的特色文化，并成为一道亮丽风景。

木板屋、吊脚楼，它们在大湘西生生不息，采青山绿水之灵气，与大自然浑然一体。无论是选址布局到发展演变，都体现了一种本民族的独特性与延续性。建筑风格和他们的民族性格一样，追求天然与粗犷，有种憨厚的美。这种呈虎坐形状，依山就势，临水而立；鳞次栉比，层叠而上；楼下架空，楼上住人；优雅别致，自成一格的古民居形式，被现代建筑学家誉为最佳的生态建筑形式。

正板：被时光雕刻了的画卷

明景泰元年（1450），湖广、贵州爆发 20 万苗民的大规模起事，历时七年，明军先后几易主帅，至天顺元年（1457），总督石璞调总兵官方瑛进行"克期征剿"，杀戮起事苗民十几万，毁苗寨 200 多个，方将起事平息。

清光绪年间的《杨家族谱》记载，正板为杨姓同一先祖。明景泰七年（1456），绥宁东山峒一带发生明军与苗族起义军之战，并成为与贵州一方的主战场之一。居住在绥宁东山峒的杨正板为躲避战乱，携家人沿着沅水上游巫水河的一条名为莳竹水的小河向南迁行，在莳竹峒一个偏僻深山中安了家，就是现在的绥宁县寨市乡正板苗寨。

踏过莳竹河，走进莳竹峒，一个尘封了 500 年的山寨——正板古村展现在眼前。500 年的繁衍与积淀，曾经有过的辉煌与荣耀，都渗透在这古老的寨子里。在村后的山上，杨正板当年亲自种植的 8 株稠木树正郁郁葱葱，村口高高竖起的三对旗杆石和拴马桩，昭示这里曾经出过文官武将。

正板从建寨至今，民居建筑形式一直沿袭下来，现在仍保存 20 余栋明清时期的古民居，其中有 6 座四合院和 5 座三合院，在湘西地区堪称经典。

这些院落主体建筑均为两层，呈正方形或长方形、穿斗式木结构木板房，面阔三间或五间，进深五柱四间，房屋对称，青瓦重檐。寨中有六条石板巷道通往各家各户，只是这里的户门并不讲究，一个极其简单的木门进去就是通透的四合院坪。木板楼梯，楼上四周相通且有雕花的木栏杆。

每个院落几乎是一个相对封闭的私密空间。有几户人家厅屋摆放着太师椅，其中有家堂屋正中神龛上方挂着一寿匾，上面写有"松鹤延龄"四个大字，左下角有"光绪丁未岁"字样，已有百余年了。

当年杨正板落脚于此，开疆辟土，勤奋耕种，养育后代，换来一方繁衍。不知从什么时候开始，杨正板的后人以先祖的名字将这里取名为正板。2012 年，正板苗寨被列入"中国传统古村落"。

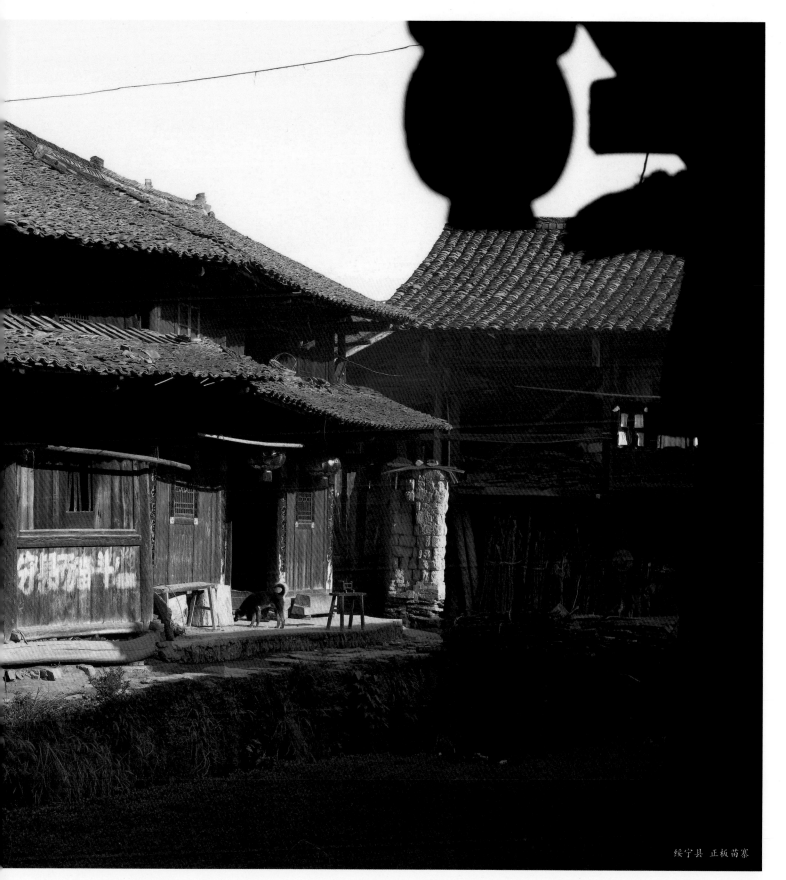

绥宁县 正板苗寨

绥宁县 正板苗寨 宗谱

绥宁县 正板苗寨 防风披帽

80岁的杨昌善老人从箱子里拿出珍藏了150年的防风披帽，
讲述他的祖爷、清朝将领杨进寿习武从军的故事。戴着它真还让
人有种"马革裹尸"的感觉。

绥宁县 正板苗寨

136

绥宁县 正板苗寨

　　踩着青石板巷道走进正板古寨，只见丈余高、200多米长的夯土围墙弯弯曲曲向里延伸。老人们说，这土墙少也有400年了，过去有一二里路长，将整个寨子团团围起来，还有四个寨门，那时的正板是一座土城。数百年过去了，正板由最初杨正板1家发展到现在的50多户、300多人。如今居住在这里的均为杨正板的后裔。

　　这里的老人人人嘴边常挂着长长的烟杆，看着他们抽烟，烟雾腾腾，几多自在。随便走进一户人家，不仅特别的淳朴、热情与好客，且个个能讲出上几代人及祖祖辈辈的发家史。

新晃侗族自治县 天井寨

天井寨："非遗"傩戏的世代传承

新晃侗族自治县贡溪镇四路村天井寨，湘黔边界的大山深处一支鲜为人知的侗族部落，600年前在此繁衍生息，傩戏就根植于这块土地并成了国家首批公布的非物质文化遗产。

2010年春节，带着对人神眷恋的原始宗教特征和草野特点傩文化的浓烈兴趣，我第一次来到这个山寨。在看完他们的傩戏"咚咚推"之后，我拍下了这张戴"侗傩"面具的全村人合影照。

天井寨距离新晃侗族自治县城56公里，从县城出发，一路向深山里走去，沿途没有什么神秘，没有什么风景，然而却有国家级非物质文化遗产——侗族傩戏"咚咚推"。就是这"咚咚推"，让我们产生了神秘感与好奇。沿着青石板阶梯一步步往上，天井寨慢慢地呈现在眼前，冬日的阳光打在屋顶上，让侗族的小青瓦屋顶显得独特而又厚重。村里的老人说，这里的每一块石板，都有着几百年的历史，村子里建造的每一栋房屋，都尽力维持着传统侗家人的风格。

说起天井寨的由来，可追溯到明朝永乐年间。先祖龙氏从贵州一路辗转漂泊多年后来到此地。龙姓45世祖龙地盛与弟弟龙地文于元顺帝二年（1334）从贵州榕江乐里乡平茶迁徙至湖南

新晃侗族自治县 天井寨

　　靖州飞山脚下，后兄弟分家，龙地盛迁往新晃平溪龙寨。明洪武年间，其子龙金海、龙金湖，从龙寨迁至四路村盆溪。明永乐十七年（1419），龙氏兄弟见此"山环水绕，气聚风茂"，便觉得这是一处上天赐予的居家传业的风水宝地，由盆溪又迁往5公里之外的天井寨。将山间一口圆形水池叫作"天井"，把定居下来的位置叫作天井寨，世代于此繁衍生息。

　　天井寨居住的房子叫作"开口屋"，这种杉木构建的木楼，是从古越民族继承而来的"干栏式"木楼构建样式。这些"干栏式"民居不用一钉一铆，主要通过柱、瓜、枋、扣串、檩条凿榫来连接。人字形的小青瓦屋顶也有重要的作用，前后两边可引水从屋顶流下。寨子里古树林立，泗水河从山脚流过，村民耕作的田土沿山势呈阶梯状分布，构成一幅和谐的山水田园风光画卷。

　　天井寨与汉、苗、瑶、土家族的傩戏，甚至包括侗族的傩戏不同，其他傩戏用的都是汉语，唯天井寨的傩戏用的是本民族的语言侗语演唱，是一种实实在在的全民参与的民间艺术。表演者面戴神鬼面具，手持师刀，与精怪山鬼逗趣与打斗，人神对唱，终场都是以驱妖降妖、化财化宝为目的，以乐哉快哉为满足。

新晃侗族自治县 天井寨 族谱

　　清光绪年间和民国二十二年（1933）天井寨《龙氏族谱》，详细地记载了自明朝永乐年间龙氏家族定居、繁衍的历史，其中有天井寨的地貌草图，龙氏先祖的画像，各年各代生儿育女的姓氏名谁，等等。后来，这里又相继迁来姚、杨二姓，三姓共处一个寨子。

　　天井寨因寨中有一口"天井"而得名，村民以天井为中心，修建自己的房屋，数十栋木质结构的木板房吊脚楼，得天独厚，独家独院，依山而建，就势而居。

新晃侗族自治县 天井寨 傩戏 脸谱

　　天井寨，到处都可以看到各样傩戏脸谱。每个家里的墙壁上客厅里，甚至灶房都能看到。走进很大一间傩戏脸谱的库房里，上百种脸谱映入眼帘。我在想，傩戏既是他们娱乐生活的主体，也是他们灵魂的家园。

　　天井寨由于地处云贵高原与湘西接壤的大山深处，长年云雾缭绕，气候湿润，使这里风调雨顺，空气清新，人畜兴旺。也许是气候的原因，天井寨还是新晃侗族自治县有名的长寿村，村里 80 岁以上的人仍然上山砍柴、下地干活，90 岁老人一样上台表演傩戏。

新晃侗族自治县 天井寨 傩戏

　　天井寨的古傩戏已经深深地根植于这片土地。村民俗称其为"咚咚推"。"咚咚"
是鼓声，"推"是锣声。"咚咚推"是天井寨祭祀盘古大王和飞山大王的祭戏，21 个
剧目一直传承至今。自明永乐年间至现在，已有 25 代。傩戏在这片土地也不知道演
绎了多少年，这里就是傩戏世家，枝繁叶茂，生生不息，香火不断。上至耄耋老人，
下至几岁小孩，人人都会表演。

　　傩戏在侗语中叫"嘎傩"，意为"唱大鬼"，只需锣鼓一敲，村民便会聚集而来，
点燃香火，穿上演服，戴上面具，立马跳了起来。《跳土地》是"咚咚推"的传统剧
目之一，表演者龙子明（上图左，拍摄该照片时已经 98 岁），他的名字被列入国家"非
遗"代表性传承人名录。他自童年起就随父亲龙继湘学戏，深得侗族傩戏艺术真传。
龙子明于 2011 年 99 岁高龄去世后，他的儿子龙祖柱又成了天井寨傩戏的传承人。

新光侗族自治县 天井寨

新晃侗族自治县 天井寨 傩戏脸谱

新晃侗族自治县 天井寨 傩戏脸谱

新晃侗族自治县 天井寨 傩戏脸谱

144

新晃侗族自治县 天井寨 傩戏脸谱 傩戏传人龙子明儿子龙祖柱

新晃侗族自治县 天井寨 傩戏脸谱

新晃侗族自治县 天井寨 傩戏脸谱

芷江侗族自治县 碧涌寨

碧涌寨：碧水青山好住家

　　碧涌寨，因北面有一高山，名碧云山，前有一溪涌流，山清水秀，俗称"碧山涌水"，故取名"碧涌寨"。碧涌寨位于芷江侗族自治县的碧涌镇旁，这里是芷江通往贵州的西大门，也是由中原、湘西通往西南的重要关卡，从碧涌至相邻的三板翻越水坳，就进入贵州的天柱县了。

　　碧涌聚集百余户杨姓人家，寨子里的人自称宋朝杨令公之后，属北部侗族一支。85岁的杨老先生搬来厚厚一叠族谱，足足有二十几本之多，为清代光绪年间和民国时期的。据族谱记载，其远祖泰吉公生于南宋端宗元年（1276），系江西南昌府南昌县桥头坪人氏，泰吉公生二子属贡、属琦。长子属贡于元武宗年间迁湖南靖州会同名都甫塘，其后又几经迁移来到碧涌，繁衍至今。

　　族谱还记载碧涌寨的地理位置与山水。碧涌寨几乎是三面环水，碧涌寨依碧涌溪而建，分布在溪流两岸的台地上，从河岸边拾级而上，一条石板路进入寨中，古老的木板屋、吊脚楼与这山这水彼此呼应。这里古树参天，风景优美，是碧涌溪给碧涌寨带来了一个碧水青山的好环境。

　　侗家人好客，他们端出上好的油茶款待。油茶是用茶叶、米花、炒花生、酥黄豆、糯米饭、肉、猪下水、葱花、油茶等混合制成的稠浓汤羹。碧涌寨的男子喜欢抽烟，几乎每个男人腰间都插着几根十分别致的烟杆。这位杨老先生虽然年事已高，却清白得很，他一边抽着烟一边与我谈着多少代人在碧涌安营扎寨的故事，那抽烟的神态一直感染着我，小烟斗在他嘴角边也不知挂了多少年，时而深深地吸上几口，时而腾云驾雾，在他身上似乎感觉到了侗族老人那种特有的悠闲自得，还有对生活的自信与生命的坚韧。

　　傩戏，在碧涌也被流传下来，他们叫"面壳戏"，一种娱人娱神的民间戏剧表演艺术。还有"高脚马""闹年锣""芦笙舞"等等，浓烈的原始农耕文化亦深深地根植于这个被国家民委授予的首批"中国少数民族特色村寨"。

芷江侗族自治县 碧涌寨

绥宁县 大园苗寨

绥宁县　大园苗寨　三鳢堂

大园：湘西最古老的民居建筑群

慕名去大园，是因为20世纪80年代潇洒电影制片厂在那里拍了部当时很火的电影：《那山、那人、那狗》。还有，这里有湘西乃至湖南现今保存最古老的民居建筑，最早的可追溯到宋代、明代，清代的比比皆是，实为罕见与珍贵。

泱泱大中华，上下5000年，留下来可以考证的民居多是清代以后至民国时期的，上至明代已经寥寥无几，何况宋代的建筑。

《杨氏族谱》记载，大园杨氏一族系唐朝龙虎大将军、威远侯杨再轴嫡派玄孙金紫光禄大夫杨光裕之后裔。唐懿宗年间杨再思守沅州（今芷江），创建五溪十峒，众尊其为十峒长吏。绥宁也由此被封建王朝列为"苗疆要区"。

大园原名大荣枣子园，300年前的大园山高林密，人烟稀少，野兽很多。疲于征战的杨光裕于清康熙年间迁居此地，以山为骨，水为脉，繁衍生息，逐渐形成规模宏大、古老神奇、独具特色的苗族民居建筑群。

风水先生说大园是船形，他们所建的房屋鳞次栉比，错落有致，浑然一体。有年份有名气的建筑如惜字屋、三鳢堂、寿屋等。其中三鳢堂有感人的传奇故事。

大园，这是我在湖南拍摄古村落时所没见过的，一个古村寨竟有如此众多年代久远的古民居，真是罕见至极。看来有"古建筑博物馆"之称的大园，是名副其实。现在大园已经成了中国传统文化古村，每栋老宅都有较为翔实的标识，一是为旅游做宣传，二是为了保护。

著名宅院"三鳢堂"。明朝初年，大园人杨渊在朝廷任教谕官，一去就是几年。她母亲思念儿子，经常流泪，至双目失明。明洪武十年（1377）杨渊回家造此屋。建造时他要求木匠不做门槛，便于眼瞎的老母进出。隐退后杨渊一边尽孝道照顾年迈的母亲，一边在自己家里办学堂，取名"三鳢堂"。此后大园出了不少人才，多是出自他的教导。死后官府为他举行葬礼，皇帝给他赐封了金笔砚等陪葬物。这栋建筑至今还有人在里面居住，半圆形石柱拱门依旧，只是后院有些破败。

绥宁县 大园苗寨 寿屋里的老人

　　寿屋，这是众多清代建筑中最晚的一栋，建于清嘉庆十二年（1807）。据
说建房之前，有个风水先生从这里经过，对主人说此地风水好，定出人才，不用
耕田地，自有金银来。结果真的应验了，出了几个秀才，其中最有名的秀才叫杨
进富。寿屋系砖木结构，两侧有高耸的风火墙，鳌头翘角。鳌头上画了祥云卷草，
且写有一副对联："祥云栖栋宇，佳气满门庭。"两侧墙体分别写有"寿"字，
故名寿屋，又叫"秀才屋"，因"寿"与"秀"谐音。

绥宁县 大园苗寨 惜字屋

惜字屋，建于南宋隆兴甲申年（1164），距今已有800多年，是湘西大园也是湖南目前保存最古老的民居建筑。惜字屋系木质梁架，外面是青砖围合，形状如"燕子窝"，故又叫"燕子屋"。

一开始我并不大相信有如此古老的建筑，并问当地人有无考证和依据，住在屋里一老者带我到屋西侧和北面，西侧一人多高的上方有块铭文砖，上刻有"甲申岁建造"五个字。屋后墙还有一块铭文砖，上刻"恭贺柳塘造此砖，自己劳心不用钱，一文当作千文用，累得身疼骨又痠"。看来大园的古民居的年代是有据可查的。

老里：云端里的寨子

去靖州老里苗寨是缘于偶然在网络上看见一微博视频《醉在老里》，一经点开，一栋栋古老的木筑青瓦吊脚楼，或镶嵌在树荫竹林里，或散落在绿茵峭坡间。那美丽的苗家阿妹正倚在吊脚楼的回廊木栏杆上，慢慢梳妆，哼着苗歌，一边眺望，享受阳光，岁月好静好静："等你来。"

然而来到老里，看到的却是另一番景象。原本想看看那些美丽的苗家阿妹是如何倚在吊脚楼回廊上唱苗歌的，把全寨子寻了个遍也未见一个年轻姑娘，全寨子只见两位老者坐在自家门口。

经打听，说阿哥阿妹们都到外面打工了，不是过苗节或过年他们是不回来的。加上今天是赶集，大多到镇上去了，寨里自然见不到人。我只好进到寨里走走看看，可多数人家门上都挂着锁。和这些年去过的湘西许许多多的村寨一样，门前落雀，十有九空。古老民居一旦少了人，就少了生气。无奈，只好安心拍拍这里的木板屋、吊脚楼。

老里苗寨范围很大，共有6个自然寨落，分别是老里盘、潘家铁山、江脚、尧管冲、竹寨、芦笙榜，老里盘寨为母寨，其余皆从母寨徙居而成。将航拍无人机放飞，从空中俯瞰，老里各寨落就像一条婀娜的花带飘落在云雾缭绕的连绵青山之中。

这里的寨前屋后都是保护完好的原始次森林，植被非常好，古木参天，山色葱茏，风光迷离，老里苗寨就扎在这大山高处的山尖的山腰窝子里。远处，群山连绵，头顶白云缭绕，仿佛举手就可以摘一朵白云下来，看来素有"云端苗寨"的老里苗寨名不虚传。

把老里说成是一个云端上的寨子，一点也不为过。山谷间，云雾蒸腾，山坡上雾绕腰身，白云生处的老里，安然地静卧于这大山之巅，鸡鸣狗吠，炊烟冉冉，恍若桃源世外。

说它很偏是因为老里地处靖州平茶镇与贵州锦屏县的交界处，村民说走半里路就到贵州了。果然不出几分钟时间就到了贵州丘团寨的地盘了。老里的确算得上是古老的苗寨，从建寨至今已有600余年的历史，寨民均为谢姓，为苗族支系中的高山花衣苗。

老里还属于靖州古锹里著名的四十八寨之一，只是太过于偏僻，少有人来此，游客微乎其微。让我感叹不已的是寨内的古老民居，这应该是我见过的最原始保存最完整的民居。

靖州苗族自治县 老里苗寨

153

靖州苗族自治县 老里苗寨

老里的吊脚楼依山傍岭，鳞次栉比，错落有致。房屋一般为四排三间、"五柱七瓜"穿斗式，两层或三层。第一层用来堆放杂物或喂养家禽、家畜；第二层为起居生活场所；第三层用于存放粮食和其他物品。建筑材料均是就地取材，大多采用当地的优质杉木。挑梁斗拱卯榫均做工精致，讲究细节，显出苗家人对家的热爱、对生活的追求，有着鲜明的高山花衣苗建筑风格。

同行的书法家周先生见此情景，诗兴大发，赋诗一首：云端无雁过，山巅有小村；地角古枫下，把酒问陶公。画家周柯章、刘正黔俩先生现场写生，各画了一幅速写与水墨山水，取名《高山苗家》《老里·窝里》。

回长沙后，我们又聚在一起，刘正黔先生即兴画了一幅四人在一起的漫画《湘西行》，人物可谓是惟妙惟肖，且好有情趣。智权又在上面题写："醉人的莫过于一路的风光美景。"这幅画现已挂在我家客厅里，甚是喜欢。

靖州苗族自治县 老里苗寨

这位老者八十有二，白天他大都坐在寨门口，虽然不懂得观"云卷云舒"，却知道看"日出日落"，岁月早已泛在他那苍老的脸上。

我们一行人为见阿妹而来，不见阿妹凭栏打吊的影子，却一样的收获满满，见证了大湘西最古老原生态的吊脚楼。太阳下山，我仍有些不舍，仍不时地回头看看那伫立在高地上的、风霜雨雪打过的吊脚楼。

靖州苗族自治县 江边苗寨

江边：蝴蝶与古枫共舞

靖州苗族自治县江边苗寨与贵州黎平县高屯接壤，这里群山环抱，林木茂盛，属于典型的山地。左右为溪河，四面青山，"屋后一座山，房前一片塘，溪绕村边过，古木村边合"是江边苗寨自然环境的写照。

江边苗寨属花衣苗，系苗族6个分支之一，且都为龙姓，其先祖是绥宁县东山铁冲龙宗麻公龙远坤的后裔，于明嘉靖四十年（1561）从柳榜移居于此，已历经400多年，也是我见到过的靖州境内保存最为完整的几个苗寨之一。

这里还是苗族文化（芦笙、歌鼟、织锦）的发源地之一，寨中的吊脚楼、芦笙场、石板路均属于一种原生态，保持着古朴原始的劳作和生活娱乐方式，沿袭着古老的婚丧嫁娶和祭祀习俗，传承着古老的纺织、刺绣、挑花等手工技艺和山歌传唱的风俗。

在我走过的许多少数民族村寨之中，大多是比较讲究选址布局的，或立于山坡，或藏于深谷。江边苗寨则更胜一筹，在选址上且更有其特色，寨的形状如一个"V"字形，进口小，在两山之间，里面很大，中间有一凸起的高地，两边是山谷，吊脚楼房屋由高地往两边山谷延伸，当地人说像只展翅欲飞的蝴蝶，从空中俯瞰，其形状更加得清晰。

原来"蝴蝶"竟是苗族祖先的图腾。苗族人一直将"蝴蝶"尊为本民族的创世始祖，称为"蝴蝶妈妈"。相传"蝴蝶妈妈"是从古枫树变来的，当人类还没有出现的时候，山岭上到处是古老的枫树，有神仙从天上降落，砍倒了一棵古枫树，从树心里飞出一只蝴蝶。

这只蝴蝶和水上的泡沫怀孕生出十二个蛋，经大字鹊鸟孵化12年之后，生出了姜央（最早的男人）、妮央（最早的女人），以及雷、龙、虎、蛇、象、牛等十二兄弟。后来苗人就尊姜央为远祖，尊蝴蝶为始祖。此后，蝴蝶在中华文化中被赋予更多的文化内涵和许许多多美丽的传说，江边苗寨在此又将蝴蝶与古枫树演绎到极致。

抬头仰望江边四周，到处是满山的竹林和参天的古枫树，枫树和蝴蝶这种特有的苗族文化符号，已经深深地烙在了这片土地上，并且承载着一个族群的历史记忆、生活方式，甚至维系着一个民族的根脉，成为寄托着本地域本族群世代儿女的乡愁。

靖州苗族自治县 江边苗寨 吊脚楼

这样层层叠叠，如此屋屋相连，远看像"布达拉宫"的吊脚楼，
在我走过的许多少数民族村寨之中，独此一家。

通道侗族自治县 黄寨侗寨 人字木桥

通道侗族自治县·黄寨侗寨 鼓楼

黄寨：诗意地栖居

走过许许多多山山水水、村村寨寨，地处大湘西南边陲通道侗族自治县播阳镇的黄寨称得上最具盛名的"小桥、流水、人家"诗意般的栖居地了。

播阳黄寨、上湘、陈团、新团、寨什、地角，每一个侗寨都像磁铁般地吸引我，尤其是黄寨，2014年我在那住了7天，后来又去了几次，每次去我都会在那"人"字形木桥上来来回回、踱来踱去。

这种极其简便的"人"字架木桥，从前在咱湘南家乡也有不少，老家的江边就有一座。记得有一年初夏涨大水，原本就并不结实的木桥一下就被洪水冲垮，村里的十几个壮劳力，脱了衣裤冒着瓢泼大雨浸泡在江水里，扛的扛木头，打的打桩，想着法子赶在没有被洪水完全冲垮前将木桥修复，那时我还很小，只是好奇地站在远处观看，这场景至今依稀能够记起。后来，木桥逐渐地被水泥桥所代替。

从2008年拍摄湖南的古村落开始，我就不断寻觅着是否哪里有木桥的村落，觉得只有那木桥或者石拱桥才配得上"小桥、流水、人家"那种诗化的意境。但跑了湖南许多的村落，居然没有发现一处这样的木桥。

巧的是，在通道渠水旁的黄寨见到了，不仅保存下来，且还有着传世的故事，有许多的关于描写红军长征的电影和电视剧都在这里取过景，这无疑是我一直苦苦寻觅的心目中理想"小桥"，大概现在湖南没有第二座了。

这里可以说处处是景，步步有惊，渠水河畔的许多侗寨，如珍珠般洒落在美丽播阳的山水之间，宛若人间般的仙境。一座木桥将黄寨两边的侗寨民居连接在一起，这木桥虽然经过无数次的修复，还是当年的样子，两岸的村民每天都要从这里出出进进。

通道侗族自治县 黄寨 侗家织锦

通道侗族自治县 黄寨老人

尤其是当女人们身着传统侗服，挑着担子或手提菜篮经过这木桥时，你不能不说，那是一幅绝妙的人文与自然风景画。大湘西沅水支流的渠水，源于贵州黎平县，向东流至湖南通道播阳境内。人说通道的坪坦有"百里画廊"之称，那里集侗寨、风雨桥与自然风光于一体，其实播阳与坪坦一样，很美。

播阳有座白衣观，是整个侗族地区唯一的一座道教寺庙，为五层八角木结构塔楼，楼内架木楼呈螺旋状，主楼四周用干砌盒斗式砖墙围合成院落，白衣观始建于清乾隆二十四年（1759），为全国重点文物保护单位。白衣观，又名"千丘白塔"。相传，每当夕阳西沉，晚霞映天时，一个楚楚白衣女子或缥缈于播阳河岸，或玉立于田垄中央，人近即逝，于是，当地民众自发捐资筹料，营建木塔一座，冠名为白衣观。

通道侗族自治县志记载，1934年中央工农红军在"通道转兵"，分两路西进贵州，一路由当时通道侗族自治县城的县溪经靖州的新厂、平茶，然后从新厂、平茶分两路进入贵州。一路则由通道的播阳进入贵州的洪州至黎平。当地人说这木桥是红军走过的，虽然无数次的山洪摧毁，都一次次又修好了，延续至今。

湘西的美，不仅仅是她的神秘，还有她的原始纯粹。湘西的吊脚楼，湘西的风雨桥，湘西的青石板路，还有，苗寨、侗寨、土家寨、银饰、织锦、苗帕、侗帕，甚至裹脚布，你无须去理会，因为她处处会触动你的心灵，让你为她梦绕魂牵，流连忘返。

据说，侗族服饰的历史可以追溯到2000多年前的汉唐时代。侗锦以构图精美、布局对称、图案多样、色彩淡雅、工艺精巧、品质优良而著称。湘西南侗族的侗锦、侗布、挑花、刺绣等手工艺极富特色。黄寨的侗族女人个个心灵手巧，她们编织侗锦这种服饰工艺是靠口口相传及父传子继或母女师承、师徒承袭等模式代代承传。

165

通道侗族自治县　陈团侗寨

陈团：如陈年的老酒

通道侗族自治县播阳镇的侗寨多临水而居，一方山水自然养育着一方人。陈团侗寨与黄寨相距不足 10 公里，一样地坐落于渠水旁，山清水秀，古色飘香。

对于侗族的历史渊源，一般认为侗族是从古代百越的一支发展而来的。听说史学界有几种说法，一种认为侗族是土著民族，自古以来他们就劳动生息在这片土地。一种认为侗族是从柳江下游的梧州一带溯源而上，迁徙到今日的湘、桂、黔侗乡的。还一种认为侗族是从长江下游的温州一带经江西、洞庭湖，沿着沅江迁徙而来。第四种认为侗族的主体成分是土著，在长期的历史发展中融合了从外地迁来的其他民族成分。不过对于这几种说法普遍比较认同的是第一种。不管哪种说法，从古至今，侗族就生长和盘踞在湘、桂、黔交界地，历史悠久，源远流长。春秋战国时期这里属于楚国商越地，秦时属于黔中郡和桂林郡，汉代属于武陵郡和郁林郡，魏晋南北朝至隋代被称为"五溪之地"，唐宋被称为"溪峒"。

侗族形成为单一民族，是在隋唐时期。明清之后，侗族被称为"僚人""侗僚""峒人""洞蛮""峒苗"，或泛称为"夷人"，民国时期称为"侗家"，解放以后称为侗族。究竟老寨侗寨源于何时何处已无考证，但周边的十几个寨子都是从它这里迁出去的，仅凭这一点和其流传至今的寨名，足以说明它的历史久远程度。这里的人说，祖宗十八代，早就在这里居住了。

陈团的历史可以追溯到明洪武年间。600 年前有吴姓祖宗从江西迁入湖南，经靖州到通道牙屯堡的寨脚定居，繁衍到七公即七兄弟那一代时，一公上山打猎，一路追到一个叫可团的地方，见有一母狗正在产仔，认定这是个好地方，于是，一公带着家眷由寨脚迁入可团。

后来人口繁衍，人丁兴旺，其中的一兄弟又从可团分居到陈团，又经数代繁衍，陈团越来越壮大，现今已有二百多户，一千多人，成了侗族一个大聚落，除陈团自然寨之外，还有蒙冲、七团、贾寨 3 个自然寨，均属陈团村。

陈团有两座古老寨门，三座鼓楼，百余栋木板房，最早的上寨门始建于清乾隆五十九年 (1794)，寨门建九级石阶入鼓楼，为穿斗抬梁式木构架，系重耳厢楼式，双坡面单脊人字形，盖青瓦，挂白檐，悬空吊脚并置美人靠。下寨门系牌坊式，采用全斗如意斗拱出跳，呈马墙状，分明、次间作立面，明间洞开为进出入口，次间槛壁不承重为装饰，而自居风格，一破陈俗。

通道侗族自治县 陈团侗寨

　　2015年1月寒冬，在陈团最古老的鼓楼里见有十几位老人在围着火塘烤火，他们说这就是乾隆年间的鼓楼，年代越久，鼓楼越显矮小，只有三层高，不像现在修的新鼓楼有十几层。我细细一看，这鼓楼几乎与房子差不多高，屋柱之间的墙壁外墙糊有黄泥，里面是木格窗条。由于年代已久，部分黄泥已经脱落，露出里层的木条。

　　看着这老鼓楼，看着被烟熏得漆黑的四壁，还有那已经磨得铮亮铮亮的火塘四周的石条及木板，还有那老人的沧桑脸庞，火苗夹杂着烟雾反射在他们的脸上，所有的都是暖暖的、沉甸甸的，古色古香，和这侗寨一样，恰似一壶陈年老酒。

通道侗族自治县 陈团侗寨 泥篱笆墙

通道侗族自治县 陈团侗寨 泥篱笆墙

　　陈团至今仍保留少许黄泥墙民居，这种黄泥墙与湘西中部地区苗族黄泥墙有所区别。苗族黄泥墙为一层且有牛屎掺和，这里的黄泥墙多为两层以上建筑，中间有梁柱支撑。

　　在日益翻新旧居且变化巨大的村寨里，保留着几栋黄泥墙尤显其古村古寨的古朴与古色古香。当地人说这些黄泥墙房子大多是寨里最老的房子，至少都有上百年的历史了。

通道侗族自治县 岩更侗寨

岩更：有一种美是天然的

　　岩更，我见过的最为原生态的侗寨之一，是因为至今仍不通公路，一个紧邻贵州大山深处高坡上，住着十几户人家。

　　在通道，知名的和不知名的侗寨我去过几十个，政府组织的大型活动虽然场面大气，服饰鲜活，人潮如涌，但见得多了感觉还是少了些原味儿，于是千方百计地打听是否有未曾发现或未曾开发过的寨子。2017年5月，在通道陈老师的引领下来到了一个名叫岩更的侗寨。

　　从播阳镇往西北方行至十几公里进入闷团村，往里再无公路可走，在一个不到1米宽的泥土路旁下车，步行了约三四公里才来到岩更。

　　这里是两面高山与密林，愈往里走愈加地寂静，只听见林中的鸟鸣与溪边潺潺的流水声，一开始真还怀疑里面是否有寨子。待过了一座老桥，便是岩更了。再走一段，又一座风雨桥，出了风雨桥就是青石板路，弯了又弯的路尽头，到了半山坡上，方见有人家。

　　寨子里的人都姓吴，300年前先祖从闷团那边分支在此定居，只是几年前有一场火灾，把寨子里的最好的几栋吊脚楼给烧了，烧了的人家只好搬到山外头，盖了砖瓦房。

　　无疑，这是一个尘封了的古老侗寨，所有民居均系木板房，那吊脚楼一看上去就十分的古老，而且甚是独特，几乎是悬挂在陡峭的山坡上或溪水边的坎坎旁。吊脚楼是民居利用地形而产生的一种特殊建筑形式，有的是临水，有的是靠崖，大都是在宅基地不够的情况下，将民居的一部分建在水面上或悬崖上，使居民得到足够的生活空间。

　　建在水面上或悬崖上的那一部分建筑是用木柱、砖柱或石柱悬空撑起的，因而被称为"吊脚楼"。吊脚楼一方面是技术能力和生活要求的巧妙安排，另一方面也反映出了人们的智慧。由于住吊脚楼的人，绝大部分比较穷，生活水准比较低，因而他们没有什么建筑理念，不会去建什么"厅堂""厢房"，更不知道"对称"的道理，而是随坡就坎，随曲就折。

岩更，清一色的吊脚楼，穿斗式木结构房屋。这种房屋具有结构简单、稳定性强、易于加工、节点灵活等优点，有优越的应变能力。它对于这一地域的气候和环境的适应性强，特别是在山坡上建造民居，基础难以处理的情形下，想要去掉基础部分，只需要在柱脚铺垫块石即可，因此享有"没有基础的房子"之称。

坐落于两山之间的狭长坡地的岩更侗寨，房子由低往高层层叠起，吊脚楼或耸于山间，或立于斜坡，或挂于溪边，许多甚至看似歪歪斜斜，风雨飘摇，但走近一看，那基脚柱子却扎很深很实，难怪当地的老人说，别看这要倒似的木板房，许多都是上百年甚至几百年了。低着头走进屋里，踩得木板吱吱响，柱子、楼梯与横梁被烟熏得漆黑漆黑，但愈是这样愈加地厚重，房子愈加地经久耐用。

来到岩更，太阳已经西斜，落日的余晖洒在山坡上，洒在吊脚楼里，那渗透着原始与古朴、鳞次栉比的"干栏式"吊脚楼看似随意地生长，却高低有秩，舒张有度，乱中有序。湘、桂、黔边界比较偏僻的许多侗寨，其房屋看似随意搭建，任其自由伸展，但细究起来，却大有深意，这种与自然环境和谐融为一体的木板房，早已不再是原始民居的遮风避雨陋室，而有了本民族民居特色的建筑艺术与审美情趣，岩更就是如此。

通道侗族自治县 岩更侗寨 吊脚楼

通道侗族自治县 岩更侗寨

　　岩更寨子都是这样的吊脚楼。住在这里的人都不曾见过多少外面世界，但个个脸上却堆满着笑靥，这是山里人所特有的真挚，他们所有的淳朴、善良、憨态全都挂在脸上。

　　岩更的妇女都着侗服，但衣服和裤子不绣花边花角，也无什么花色，自然而单调。侗族女性的服饰，或款式不同，或装饰部位不同，或图案和工艺不同，或色彩和发型、头帕不同，可以说是千姿百态，在岩更我看到了她们更为单一、质朴的一面。

　　这位披头帕的妇女，怀里抱着半岁大的婴儿正在吃奶，我说给她拍照，她说怎么才好看，我说怎么都好看。于是她起身手扯着帕角，看着我的相机，镜头里的她却有几分腼腆，几分羞涩。陡然间，我看到她满脸的斑斑点点，觉得甚是好看。是的，世间有一种美，是天然的，无须雕琢。

通道侗族自治县 地角侗寨

地角：一个让灵魂发呆的地方

有海角，但未听说过地角。于是，两次来到地角这个地方。第一次是雨天。通道播阳镇的石镇长带路，虽然铺了乡村最简易的水泥路，但无过往车辆，水泥路满地青苔，车子都有些打滑。走上好一阵弯弯曲曲的山路下车后顺着石板道往山里走，忽闻一阵芦笙声。

走近一看，原来是座老寨门，寨门里聚集有十来位老人和小孩，一边围着火塘烤火，一边吹着几乎老掉牙的芦笙。这是我见过的最长的芦笙了，那芦笙足足有丈余高，一头在寨门里，一头伸到了屋檐下，且需两人抬。芦笙，是我国最早的笙类乐器之一，已有3000多年的历史。当时芦笙被称为"瓢笙"。唐代贵州及湘西少数民族就开始制作芦笙，进京朝贡者就曾带着芦笙到宫廷演奏，得到朝廷的赞赏。

芦笙作为侗族特别喜爱的一种古老乐器，逢年过节，他们都要举行各式各样、丰富多彩的芦笙会，吹起芦笙跳起舞，庆祝自己的节日。没想到在这偏僻之地，既无节庆日，也无活动，居然有人在此吹着芦笙，自娱自乐，况且都是些老者。于是，给我的第一印象是这个寨子好原始哟。也正是我想去的地方。我问路边挑担的老人，为什么叫地角，他们说，就是地边边上的寨子。原来这里与贵州省锦屏县的高寨交界。

地角有好几个鼓楼，有个鼓楼叫芦笙楼，一面临崖，一面靠山，也叫崖上鼓楼，已经好几百年了。和通道保存的不少古老的鼓楼一样，全为纯木榫结构，几百年风吹雨淋依然牢固如初，仍如磐石般稳稳立于悬崖峭壁之上。看着这些层层叠加、造型优美、结构严谨、张弛有度的侗家鼓楼，不得不由衷地赞叹侗族先人的智慧。

5年后第二次去地角，原认为会有许多的改变，因其他的许多寨子就是短短的几年间，一栋一栋的水泥建筑如雨后春笋般拔地而起，而地角不像其他寨子，没有什么改变，尽管公路早已修到了寨门口，依然保持着它原来的状态，还是那样的古朴，那样的静悄悄。

地角，一个天涯海角般的名字，好几次走着走着，驻足回望，这似乎是一个能让灵魂发呆的地方。

通道侗族自治县 地角侗寨 吹芦笙老人

再往上走，来到一个高坡上一看，百十栋民居错落有致地分布在三个相连的山头上和谷地里，虽然有些分散但还相对集中，几条石板路将上上下下的几片吊脚楼建筑有序地连接在一起。这些吊脚楼民居甚是古老，全是清一色的侗家木板房吊脚楼，层层叠叠，从山谷一直叠至山腰间，一层接一层，非常有序地分布在坡上、高地、山间，高的如入云端，甚为壮观。

通道侗族自治县 地角侗寨 侗寨老人

　　家门口见到这位 96 岁的老人，她是 16 岁从山那边的贵州嫁过来的，在这个寨子里已经生活了 80 年。老人说她去过两次县城，那是前几年通了公路才去的。和寨子里的其他老人一样，他们的世界就是寨子里的世界。她不像其他的老者，尽管年近百岁，依然衣着干净整洁，面料质地也很讲究，从她的眼神中看得出来，很乐享于这个古老寨子的安静日子和日出而作、日落而息的生活。

通道侗族自治县 坪坦侗寨 普济桥

坪坦河谷：一座座风雨桥一道道景

通道的坪坦河域，有着"百里侗乡文化长廊"之称，山上绿茵葱葱，寨边溪水潺潺，吊脚楼上炊烟袅袅，一座座福桥长卧于弯弯曲曲的坪坦河上，一个个古老的侗寨散落在坪坦河两岸。

风雨桥在侗乡称作花桥、福桥或风水桥，侗乡可以说无溪不花桥。坪坦河由南而北流经 32 个侗寨，有上百座风雨桥，其中 9 座历史悠久、造型独特，被列为国家级重点文物保护单位。每一座花桥几乎都有一个寓意深刻、有民族传统用意的名字，如永福桥、回龙桥、永定桥、普济桥等，寄托着人们对幸福安康的膜拜与祈祷。

坪坦河上的这些古老风雨桥均始建于清代，已有 200 年以上的历史。让侗族人引以为傲的是，修桥居然没有图纸，造型、构件、尺寸全在工匠们的脑海之中。修建前，工匠将廊柱、梁枋等构件的尺寸标注在一根长竹竿上，榫印的尺寸标在许多块指头宽、尺余长的竹片上。这种纯木结构，不用钉铆，只采用木榫卯，甚至使用了古老的湿藤绑扎法修建的桥梁，居然能历风雨几百年无损，这自然属于桥梁史上的一个奇迹。行走在风景优美的坪坦河谷，一切都是怡然自得，只见一个侗家妇女挑着一对篮子走来，看样子要么是赶集归来，要么是从娘家回来，前面就是普济桥。

普济桥，湘南最具侗族文化的风雨桥之一，单孔伸臂梁式廊桥，始建于清乾隆二十五年（1760），横亘于坪坦河上，桥为单孔，伸臂梁式。由 11 廊间连为一体。全长 31.4 米，桥面宽 3.8 米。桥的两岸各一个半空心石墩，伸臂梁插在石墩内，以大卵石弹压，然后叠梁再压卵石，直至两岸伸臂合拢。用这种工艺修建木桥极为罕见，被桥梁专家誉为"桥梁化石"。

通道侗族自治县 坪坦侗寨 "百家宴"后的篝火

在坪坦，见过一次名副其实的"百家宴"和盛大、壮观的"千人侗歌会"。各家各户把酒食菜肴装在篮子里提来与大家分享，因此这里的"百家宴"也被称作"提篮宴"。"百家宴"之后，众男众女在萨坛前欢歌跳舞。

侗族没有自己的文字，许多优秀的文化传统、生活习俗、社交礼仪等都是靠着优美动听的歌声一代一代往下传。坪坦村人就是用侗芦笙和侗歌欢迎远道而来的宾客。

坪坦河畔坐落着的这些寨子中，要数横岭侗寨自然环境最为优越。寨的西面是山梁，因其位于横向山岭的山谷而得此名。当透迤细长的坪坦河从北向南流经横岭时，来了一个"U"形大拐弯，宛若一条绿丝带，环绕着横岭，让横岭三面环水，极富秀美与灵气。

横岭侗寨始建于明天顺年间（1457—1464），主要建筑有鼓楼四座、寨门两座、廊桥两座，还有庙宇、戏楼、家祠、萨坛，均为清代中晚期的建筑。鼓楼为清同治三年（1864）建造，后毁于火灾，清咸丰五年（1855）重建，清光绪九年（1833）再造，故又称"三朝鼓楼"。其特别之处是，鼓楼与寨门建筑工艺巧妙地"联姻"在一起，融鼓楼、寨门于一身，这在侗寨亦属一个典型例证。采用如意斗拱出跳，鼓楼两边翠竹摇曳，与伸向对岸的福桥交相辉映，倒映在清溪碧波之中。

通道侗族自治县 横岭侗寨 回龙桥

不论是外观还是结构，回龙桥都与一般的风雨桥不同。桥身的纵轴方向呈弧形横亘于坪坦河上，桥体采用伸臂梁木架和叠梁木架势。在结构上，桥西段用伸臂式木拱架承重桥体，桥拱净跨较大，拱架两端用数排杉圆枕木，逐层伸臂，形成上平下拱状；东段则是悬臂枕梁式，两孔三墩，中墩以长杉圆木作枕，逐级延伸，承重桥面。

一座桥竟然用了两种结构、不同造型，体现了侗族工匠别出心裁的桥梁建筑工艺和精湛的桥梁建造技术。回龙桥的桥背北面装有板壁，以挡寒风侵袭，朝南一侧则留出空间，以便人们欣赏风光。桥的东西两头以及桥身中间分别"伸"出一座三层密檐六角攒尖葫芦顶亭阁。中阁略高，其间设有关圣神位，外部面南书写"回龙桥"三字。

对于侗族来讲，风雨桥的意义已不只是一座供人通行的简单的桥梁。风雨桥上设有神龛，成了祭祀的场所；桥，又有"护寨镇宅"的功能；桥，还是寨子的"公共空间"。今天，通行的功用已经日渐淡薄，更多的是侗寨的主要标志之一，一种人文风景，游人可在此饱览侗家风光，在此领略她们的历史文化内涵。

通道侗族自治县 横岭侗寨 鼓楼

通道侗族自治县 横岭侗寨 鼓楼

　　在湖南侗寨的鼓楼中，通道横岭村的鼓楼建筑群其巧妙的构筑形式，充分体现了侗族村寨的建筑特点。横岭鼓楼建于清代，鼓楼与寨门建筑工艺巧妙"联姻"在一起。鼓楼群由小寨鼓楼、大寨中鼓楼、河坎鼓楼和河边鼓楼组成，其中以河边鼓楼最为壮观，主要由南岳宫、圣母庙、款场坪、鼓楼及一号、二号寨门组成。始建于清咸丰五年（1855）的鼓楼为三重檐歇山顶式。1号寨门始建于清同治三年（1864），2号寨门始建于清光绪九年（1883），主楼为双重檐，歇山顶纯木结构。一层四面方形与门楼1号、2号二檐相交，设排水天沟一条，而门楼1号、2号采用如意斗拱出跳，主楼二层伸出用瓜柱收敛，门楼用廊连接，使两门楼融会贯通，浑然一体，具有鲜明的民族建筑风格。

　　鼓楼、寨门、风雨桥，被称为侗族建筑的"三宝"。这"三宝"不仅在坪坦都能够看到，而且都是经典中的经典，集历史文化与建筑艺术于一身，多为省级文物保护单位，有的是国家级文物保护单位，坪坦、皇都等几个侗寨都已经列入"世遗"申报名录。

洞雷：那一抹"靛蓝"

　　洞雷与广西三江林溪镇程阳村、冠洞村交界，四面环山，寨前有条洞雷河，向南并入珠江水系，因有雷姓人家来到这别有洞天之地，而得洞雷此名。洞雷建寨最早可追溯到明朝永乐年间。明清时期属广西怀远县（今三江），民国三年（1914）至解放初属绥宁县，1951 年划入通道侗族自治县。

　　这里以前是一片茂密的原始森林，古称"龙虎寨"，雷姓的先祖为避战乱最先到此定居。开始居于山脚，有苗人住在山顶，双方为争地盘曾发生多次争斗。后有杨、吴、石、莫、粟、姚、黄姓相继迁入，侗人人多势众，把苗人赶到山那边，此地便成了侗人的地盘。后来他们发现山脚下的溪流旁森林茂密，风景秀美，更是"别有洞天"，于是纷纷迁居于此。

　　当地人说，洞雷已有 600 多年历史，解放初期，寨的四面都还保留着 3 米高 1 米厚的石城墙，每隔几米有枪眼，以防御外敌。

　　后来，古城墙不见，沿溪而立的传统吊脚楼依然耸立着，有的虽然已经破败，并不失为一种沧桑美。在这里，所有的吊脚楼建筑依附于自然，且不受拘束，体现出人与建筑、建筑与自然的亲和而随意。

　　洞雷侗寨也叫洞雷大寨，大概是因为寨子规模比一般寨子要大。侗式吊脚楼与通道的其他地方吊脚楼也有些不同，一般是三层，并且高出许多，一栋紧接一栋。若是雨天在寨中行走，是无须打伞的。或许是由于这里地处偏远，巷道里居家门口有几家商店、菜摊、肉铺，以及农家菜馆等。

　　我问寨民，一年中这里最热闹是哪一天，他们说是每年的农历七月十四，到时会举办盛大的传统侗歌会，吹芦笙、哆耶、斗牛、为也（抢客人之意）等，家家户户杀鸡、宰鸭、放塘捞鱼，四邻八寨的亲戚朋友也都会到洞雷"为也"，即集体做客之意，整个寨子比过大年还热闹。

　　偶尔间，看见山坡上晾晒染布，一问是他们自己家里染制的。在乡间行走那么些年，还没有碰到家庭作坊正在染着布的，表演的倒是见过，毕竟是表演，要的就是这种原汁原味。

　　一种天然的草本植物，让侗人从大自然里收获如此美丽的色彩，再把它穿在身上，又将这种"一抹蓝"还给大自然。侗族人倾心于美的服饰的创造，用缤纷的色彩使生活如诗一般美丽。他们，更懂得感恩大自然的馈赠。

通道侗族自治县 洞雷侗寨

通道侗族自治县 洞雷侗寨 染布作坊

　　走进染坊，只见几口很大的木桶里装满了已经制作好的染料水，里面浸泡着一沓沓布料，一妇人正在不停地用手或木棍将布料搅动、翻转。她说这是世代传下来的，先将蓝草叶茎于收割当天洗净放进木桶里，经过两三天的浸泡，清水变成深蓝色，就是"靛蓝"。再经过浸染、蒸晒、捶打几道工序，最后形成质地细腻、光泽可人、经久耐穿的侗家布料。

通道侗族自治县 洞雷侗寨

193

岩排溪：大地上的七彩画作

据传，明朝初期，一个叫"打虎匠"的黄氏先祖为了逃避瘟疫，于沅陵溯西水而上，几经奔波、辗转，来到古丈县岩排溪。见此地群山起伏，溪岭交错，山清水秀，便定居下来，带领子孙们在这里披荆斩棘，开梯造田，一代一代繁衍。

有一种较正统的说法是，这里的祖先来自江西，并非土家族。土家族是解放后为了享受少数民族优厚待遇才改的族姓。其实，这里是土、汉、苗三族的居住地，数百年来的各民族碰撞、包容与融和，才形成现在的大聚落。岩排溪背枕观音山，民居呈阶梯状顺山坡而建，无论何方眺望，岩排溪都很美，1200亩梯田围着这片古老的山寨，层层叠叠，错落有致，宛若天成。

这里的建筑集土家族与苗族风格为一身，又仔细看，形式和格局还是有别于土家人的吊脚楼和苗族人的保家楼、吞口屋。排岩溪的建筑俗称"二手推车""三滴水式"，又以苗族的"四柱八挂"式建筑构造为多，也少有土家的"三柱七挂"和转角楼、三合楼形式。它们均设偏狭的走廊和前廊，前廊有"美人靠"，室内有"火塘"。

带了航拍无人机，当放飞在高空山地间盘旋时，让我有些震撼，看到的不是一个简简单单古寨景观，而是层峦叠嶂群山之中的一幅自然与人工化了的大地艺术杰作。

回程路上，当我站在高坡往下看时，仿佛依稀看见千百年前传说中的"打虎匠"率子孙们披荆斩棘、开梯造田的情景，耳边还响起"咿呀，嗨哟，咿呀，嗨哟"的号子声。那声音响彻山谷，传至远方……

古丈县 岩排溪 吊脚楼

古丈县 岩排溪 夯土屋

195

　　岩排溪房屋基础也多有讲究，以岩头为主，岩头打磨粗中有细，外墙基部为石，一拃以上为碎石杂泥，再上均为土夯版筑。寨子里还保留了一些泥土房，泥土墙中间插有土荆、树条，有些土墙上还开有小方孔，便于观察和防卫。

　　这里的吊脚楼很美，高低错落，鳞次栉比，且环境独特，均坐落在层层叠叠的山间梯田间。吊脚楼由于材料赋予的灵活性，使建筑构造独具特色，也使建筑在外观上轻盈飘逸、随坡高低起伏，层叠而上，直至山脊，使其更具有美感。

　　"美人靠"现在湘西少数民族的民居中已不多见了，这里保存的"美人靠"很是古老且还独特，几百年的房子就有几百年的"美人靠"。

　　岩排溪民居的屋前均建筑二檐，也是我看过的最古老的吊脚楼二檐。这些二檐只有一层栏杆，围栏上枋宽厚可受重压。二檐使阶沿成为一个较宽的门廊，出入大门有个较为宽敞的空间。二檐属民居建筑中的平面延伸，和"美人靠"一样，很有建筑的美学情趣与价值，在古丈县民居建筑中也只有几个乡有，其他地方据说贵州少许村落还有这种建筑款式。

古丈县 岩排溪 吊脚楼"美人靠"

古丈县 洞溪苗寨

洞溪：黛帕深藏，一笑让你心动

有人说，她把整个身子都躲在白云生处，也藏着美丽的传说，大概指的就是湘西古丈县的洞溪苗寨。洞溪，顾名思义，溪涧纵横。洞溪全境大有大小溪流 37 条，汇成蓝溪、江溪、阳五溪 3 条主要溪流，故名洞溪。

从沅陵二酉苗乡往西沿着西溪河到古丈县的岩头寨镇，而后一路爬山，穿过原始次森林，山越爬越高，有一段几乎是在高高的山梁上前行，四周的群山似乎都在眼鼻底下。有一阵甚至全然没有感觉这里面竟还会有寨子或者人烟。足见其再偏僻不过了，难怪有人说，她离天很近离地很远，她把整个身子躲在白云里。

寨子的两侧至今还保留着百年前的土围墙，与寨旁边的古树、古井在一起，尤显古寨之沧桑。洞溪的建筑均为木质结构，吊脚楼房屋。其中有两栋古老大院：马家大院和覃家大院。马家大院保存完好，覃家大院两年前有过一次大火，仅留下残破的墙体与条石围墙。马家大院为典型的清代苗族古民居建筑，又融合了土家族的建筑精髓。石台高筑，院内有屏风、天井、厢房，门窗有精致的雕花。梁柱上刻有一个大大的"福"字，福右下的田字里装有禄、寿、喜三字，这是未曾见过的。

在湘西，有的门前或堂屋挂有牛头骨，这应该不是湘西人所特有，在西藏，几乎处处可见。纳木错的乱石堆上，那牦牛骨头点缀着高山湖泊，让雪域高原多了几分神秘。将牛头骨悬挂于家中，属民族原始自然崇拜和神灵崇拜的一种形式，也是古老的少数民族原始宗教的万物有灵观念的体现。

寨子里流传的多种民间小调，烧拜香、佛歌、哭嫁歌、敬酒歌、起屋上梁歌，人人会唱。洞溪还是国家级非物质文化遗产童子鼓舞的发源地，国家级非物质文化辰河高腔传承地，是湖南车水号子、盘木号子的发源地。老人们说，别看我们这里偏远，解放前，洞溪是古丈去沅陵最近的一条官道，人来人往，走上走下，还有马帮过往。到过年了，打工的回来了，很热闹的。

古丈县 洞溪苗寨

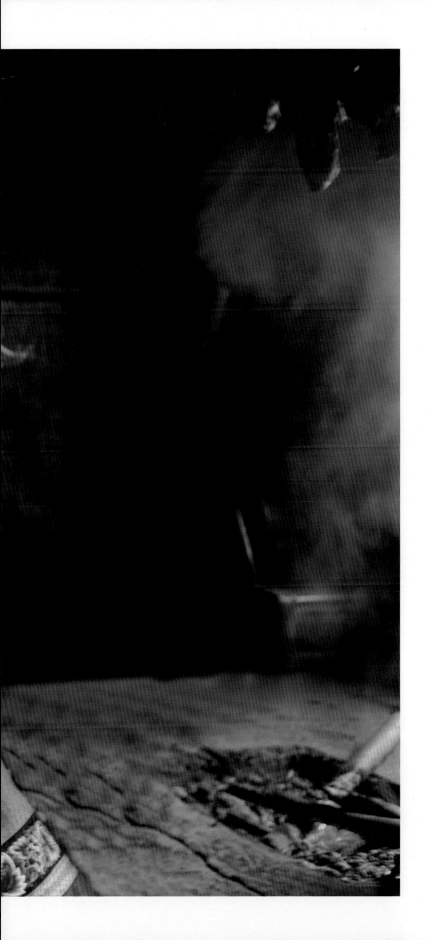

　　洞溪是苗寨，其实有苗族、土家族和佤族三个民族居住在一起。这是我第一次听说湘西还有佤族人在此居住。洞溪始建于明代，保留的民居多是清和清以后所建，语言主要是"苗话"和"乡话"。因地处高山，民居自然依山势而建。这里的山是一个缓冲带斜坡，寨中石板路交错，按"三横二纵"成双"丰"字布局。

　　是的，湘西多大山，隐藏着许多神奇与神秘，在深山中深藏着风景，也躲藏着"黛帕"。黛帕苗语意为"美丽的姑娘"。那含蓄一笑，会让你心动！

桑植县 苦竹寨

苦竹寨：高山峡谷里的居家

　　苦竹寨这个名字在湘西以至于湖南有一段时间都叫得很响，我是慕名而去的。

　　苦竹寨因坐落在桑植县的苦竹河边，故名。在土家语中"苦竹"是两面高山的意思。

　　苦竹寨在两山之间的狭长河岸边，仅一条石板路老街，石板已经被磨得溜光溜光，无疑是岁月打磨的。两边断断续续有一些歪歪斜斜、老掉牙的木板铺面，铺面全是木板，这应该是多少个世纪留下来的。

　　古时候，水上交通作为最主要的通道连接外界，苦竹寨又是一座商业码头，自然人来船往，川流不息，非常繁荣。那时小镇上商店客栈、妓院绣楼、作坊当铺、戏院庙庵比比皆是，可称得上是明清时期社会的一个"万花筒"。

　　苦竹寨建于唐宋，盛于明清，衰于晚清，曾是澧水上游"千帆林立的老码头、商贾云集的古集市、艄公荡魂的逍遥窟、明清社会的万花筒"。因其上承衙门县府，下临险峻峡谷，又居山临水，地势险要，历来被称为湘西桑植的咽喉之地。

　　找寻昔日的场景，唯有透过那已显漆黑的铺面板壁，才会让人知道，那是无数个日子被烟熏火烤过的。看看老码头，从老街沿着斜坡往下走，往日的石阶已经残缺，水位已经低落，可以一直走到苦竹河边。

　　没有了渡船，更不见来往往运货船只，只见两条打鱼的小船孤零零停在河岸边。依山傍水的吊脚楼不再成排成片，不再是苦竹寨往日的风景，但说起苦竹寨，人们印象里还是一幅古朴与天然的美好画面。因为，那确是抹不去的记忆。

桑植县 苦竹寨

　　这位老太太已经 85 岁（左图左一），问起过去的老码头，她如数家珍。她说从小就在河边长大，码头上的热闹场面，哪家店铺兴旺发达，她都记得一清二楚，连贺龙当年与镇上绅士赵月清结为老庚、红军队长李胜千惨遭杀害这些事，也能讲出个道道。随我一同去的摄影朋友用长沙话说："咯呷老太太真是厉害。"

官舟：因官多而得此名的侗寨

从怀化洪江去会同，沿着洪江至靖州的国防公路南行，走三十几公里，翻过一座大山后，来到一片开阔平坦地带，只见盛开的大片大片的油菜花迎面扑来，油菜花间不时地有零星黑色的木板房点缀，黄绿相间，感觉很美。走着走着，居然看见两山之间的狭长开阔地带的油菜花里冒出一大片侗寨来，让我很是惊讶。

一打听，原来这个侗寨叫"官舟"，位于会同县的团河镇内。官舟原名"白茨溪"，明清时期村里考取功名的人多，故在外地做官的也多，后人就将"白茨溪"改为"官舟"，而得此名。

官舟坐落于巫水的一条支流——团河东岸。官舟分官舟和下官舟，相距不到1公里。官舟的地形像一把扇子。下官舟呈狭长状，像一只小船。两个侗寨都很大，各有一二千人居住。比较起来，似乎官舟更有历史文化，主要是出了不少人才。从进入村子就可以看得出来。村前有两对高高伫立的拴马石，拴马石上刻着"道光丙午""光绪五年""岁进士"的字样。过去官舟共有16对拴马石，现在寨子里头巷道口旁还可以看到。

官舟右边是一片宽阔的田野，解放前曾有一条从洪江至靖州的石板古官道穿村而过。左边是一条蜿蜒的小溪。官舟历史悠久，自明洪武六年（1373）至今，已有600多年的历史。居住在官舟的村民为胡姓、唐姓和于姓，胡姓居多。翻了胡族族长拿出的清宣统到民国年间的陈旧老谱，和湘中湘南地区不少古村落族群族谱并无二致。上面翔实记载了先祖的迁徙史和定居于此的繁衍生息史料。

官舟侗寨坐北朝南，建筑群落由北而上，由"一甲店""老屋场""桂花场""老巷子"和"团头"五个部分组成。现保存有明、清时期的古民居房屋十几栋。有几栋窨子屋，多为侗家木板房，还有祠堂、古井、古巷道。这些老房子均为三开间二层穿斗式梁架木结构，有左右厢房，前厅檐廊地面铺有青石板，屋面为悬山顶盖小青瓦。院落四周有高大的风火马头墙，墙头多有彩绘。窗户饰花草鸟兽，有窗花木雕，但和大湘西大多少数民族一样，略显粗糙。

寨子里有几户苗族，他们世代友好，民风纯正。官舟村2011年被列为省级文物保护单位，2019年被列入中国传统村落名录。

会同县 官舟侗寨

会同县 官舟侗寨

会同县 官舟侗寨

会同县 官舟侗寨 石刻

会同县 官舟侗寨 木刻

　　在这些侗寨木质建筑中，几栋风火墙窨子屋穿插其间，壮观大气，很不一般。胡氏宗祠大门为石门，门楣上方有狮子戏绣球、加官进禄的人物雕刻，门柱有阴刻对联："势震苏湖安定流风传七泽，瓜绵阆父秀英长发耀三台。"居民中有的进门有屏风及各样题材的木刻，

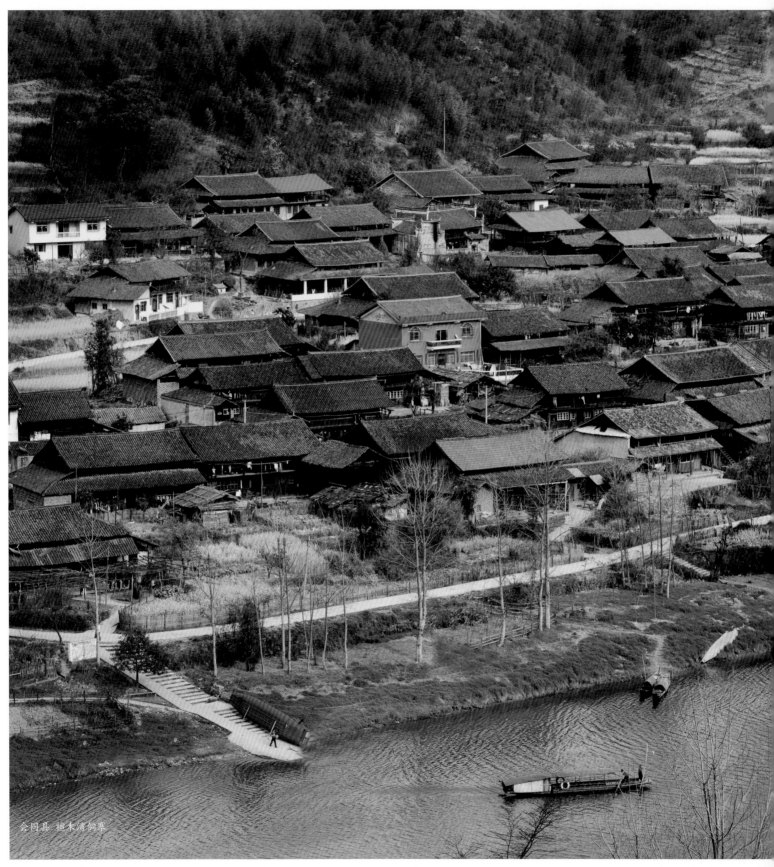

会同县 檀木湾侗寨

会同县 檀木湾侗寨

檀木湾：掩映黄花碧水间

不知何时，有人取"上善若水"之意，将流经这儿的一处与巫水交汇的溪流取名曰"若水"，于是若水也就成了一个镇的地名。会同县檀木湾村就位于若水镇巫水河南岸，一条清澈见底的巫水绕着檀木湾侗寨缓缓流过，又在不远处的洪江汇入沅水。

行至檀木湾的大水湾处，只见巫水河从远处飘然而至，举目看向对岸，古树、田园、木板房、大聚落，层层叠叠的侗族民居与背后高低起伏的山峦融为一体，见此情景，用"惬意""陶醉"二词大概最能反映此时此刻的心境。曾经的许多次，每一次都会站在这里眺望。

檀木湾住有600户人家，一直没有架桥，自古以来就是"拉拉渡"过河。20世纪80年代河里还能看到放排的，江面上会传来悠长的号子声。春天里，油菜花开的时候，片片金黄，满眼金黄，美得仿佛是一个诗意的梦。有几次还爬至山的高处，将对岸的美景一收眼底，沁人心扉。

坐上船，过了河，上了岸，沿着篱笆墙走进寨里，河边有几棵古老的樟树，最高的有40余米，树围12米，树荫覆盖直径达35米，据说已有1260年的树龄，被评为湖南最美村落的樟树。

大湘西的古村古寨，多有山有水，依山傍水，并非风水理念深深根植于这片土地，而是青山绿水滋润了这里的村村寨寨，养育了这方山民百姓。来过这里的不少摄影人看到春天里的这番景象，都说比江西婺源那里的油菜花并不逊色。

婺源是油菜花、白墙、黛瓦、马头檐的徽派建筑掩映在青山禄水之中，如诗如画；湘西是青瓦、木屋、吊脚楼镶嵌在黄花绿树间，交相辉映，一片金黄色油菜花的世界，一幅幅天然的画卷。婺源有个月亮湾，湘西有个檀木湾，在春意盎然的季节，只见弯弯的河水碧波荡漾，对对白鹭展翅飞翔，两岸的垂柳在风中飘荡，绿叶黄花随波起伏。几叶轻舟游弋于水中，行进的轨迹荡起层层涟漪。

会同县 檀木湾侗寨

从洪江逆着巫水去会同，一路风光无限。这里的山，这里的水，这里的村落，似乎是经过大自然洗礼，清澈、明亮。春天里，各样的花都盛开着，大片大片、黄澄澄的油菜花铺洒在巫水河两岸，田野里、山坡上、溪水旁，农家的菜园里，随处可见，满地芬芳，好看极了。

走进寨子里，只见一群牛从一棵梨花树下走过，照片让这个寨子永远定格在花间里。

永顺县 列夕村

列夕：落没，却依然优雅

湘西酉水河与猛洞河交汇处，有一座乡村古镇墟场，流经岁月，记录了这里的老街、古巷，还有曾经的茶马古道、人世沧桑：列夕。

列夕，土家语读作"雷歇"，意为"河岸上的村子"。从永顺县王村坐船沿着猛洞河逆水而上来到列夕，上了岸从码头沿着石板路往山上走，足足走了一里多路到了列夕老街。列夕是一个沿河岸拓展的小镇，整个村寨都建造在山地平台之上，形成一个较完整的土家族聚落。列夕说是一个乡，其实是一个高山寨子。

站在平台开阔地眺望，只见四周山峦起伏，视野开阔，地势险要，美丽的猛洞河弯弯曲曲延至远方。土家族在居家选址上，也反映出自己的风水理念，寨子讲求纳气、藏气的地理环境，体现依山而稳、依水而活和山水相依的精神内涵。

看这里所处的地理位置得天独厚，且非常注重"纳"与"藏"的关系，即主要入口方向相对开敞，表示能吸天地精华之气，山势围合形成的半开敞空间，达到了"藏风聚气"的作用。也许因此，过去的列夕很是发达并且有过几百年的繁荣。

据说，当时列夕古镇上有陈、胡、黄、董四大家，仍流传有"四子"之说：陈家广置田地，是列夕最大的粮食拥有者，被称为"谷子"；胡家资本雄厚，经营钱庄，被称为"银子"；黄家自黄汉章科考永顺府第一名后，功名不断，出任地方官吏多，故被称为"顶子"；董家枪多，拳头硬，被称为"捶包子"。

永顺县 列夕村 私家墓地

　　一位热心的老者领着我来到一处私家墓地。墓前有个高大肃穆的石坊，周围是古老的松柏树。牌坊石联"光华远被荫榆柳，奎璧联辉庆日躔""人能修正道，身乃作真仙"，以及"济世""渡人"石刻，这是我见过的湖南一座气派且保存完好的私家墓地。这个墓葬就是董家的，其富裕程度可想而知了。

　　在列夕见到的两位老人让我难以忘怀。一位是坐在古老雕花床上的黄老太太，一位是当年列夕乡的汉剧团长姚福友老人。20世纪六七十年代列夕乡汉剧团远近闻名，他们从乡里演到县里再演到省城，参加了中南五省的会演。团长姚福友虽然只有小学文化，且是独眼，却是天生的民间艺人，吹、打、弹、唱，生、旦、丑、公，各种角色，样样都会。社会在变，这个源于"楚调"流传于湖北、湖南汉水流域的汉剧似乎在瞬间退出了历史舞台，所有的戏装戏服也仿佛在瞬间成了历史遗物，有的被损，有的霉烂，有的成了老鼠做窝的地方。

　　2017年6月，又一次来到列夕，本想再去看看黄老太太，还有一位是姚福友老人，也是7年前我在这里拍过的一个消失的乡村汉剧团。当时姚福友老人打开尘封20多年的几口装满戏服的大木箱，穿上当年演出的戏装，让我拍摄。但一打听，这两位老人均已过世。

　　走过喧哗，走过寂寥，走过岁月，走过流年，一个个瞬间都会让你感动……

永顺县 列夕村 黄老太太

在老屋场，见一位 70 多岁的老太太扛着锄头从地里干活回来，身上穿着却也整洁、讲究，来到她家，一打听原来是猛洞下游老司城土司爷的小女，姓黄。她抽烟，是自己烟叶包裹着的旱烟。她家有张 200 年的古老雕花床，旧社会有人在上面抽过大烟，至今还可闻到烟味。黄老太太说这床是她娘家的嫁妆。屋里很暗，开了灯仍很微弱。黄老太太坐在床前，虽上了年纪，赤着脚，细看就知道不是一般家境出身的女人。

当我把这张照片发至网上时，许多人点赞并留言："有岁月有故事""照片就像一幅油画""既亲切又遥远，让人落泪的作品，感谢您带来这寂寞的美丽"云云。

永顺县 列夕村 老街

　　自古以来，列夕就是酉水和永顺水上码头重镇，曾经是十里长街户户经商，商号 80 多家，仅伙铺就多达几十家，每天有 100 多匹骡子运送货物穿梭于码头和古道之间，还有上百个专门从事"背脚"的人。列夕最繁华的时期属清雍正五年（1727）至解放初的 200 多年时间里，有许多外地人尤其是江西客商在此做生意，故形成了后来有名的列夕老街。

永顺县 列夕村 汉剧团装戏服大木箱的老屋阁楼

永顺县 列夕村 汉剧团装戏服大木箱

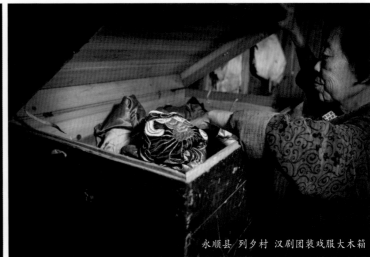

永顺县 列夕村 汉剧团装戏服大木箱

永顺县 列夕村 汉剧团 姚福友老人

　　2010 年 9 月，顺着王村猛洞河往上走，来到了列夕。姚福龙老人把压在箱子里
多年的戏服抖出来，自己还穿上，唱上几句"楚腔"。2017 年 6 月下旬，当我再次
来到列夕时，姚福友老人已经过世，七年前坐在一旁的旦角也不在人间了。不过，
那几口沉甸甸的装满戏服的箱子还在。　抹去厚厚的灰尘，打开笨重的木箱，望着那
依然散发着光泽的衣冠和戏服，这个大山偏僻的乡间汉剧团，那一幕幕曾经有过的
繁华与过往仿佛浮现在眼前。

龙山县 洗车河 天街

洗车河：静谧的古老天街

"洗车"土家语是"草河"的意思，早年因河畔多青草而得此名。又传，"洗车河"来源于土家族迁徙的一个古老故事。唐朝末年，湘西土著首领吴著冲与溪州刺史彭瑊争王激战。吴敌不过彭，便带家眷、亲信坐着木轮车冒雨往西北方向逃跑，天亮时来到一座依山畔水的山寨，这时雨也停了，只见四周山峦秀丽，青山夹岸，河水清澈，如同仙境，吴王下令休息，把车轮推到河里清洗，这个山寨从此便叫"洗车河"。

洗车河位于龙山县红岩溪河与猛西河交汇处，流经捞车、苗儿滩，于隆头注入酉水。历代以来，这条下通辰沅的洗车河便成为湘鄂渝边区主要水运通道之一。

河上有座建于清光绪十三年（1887）的风雨桥，它与凤凰县的"虹桥"并称为湘西现存最古老的风雨桥。桥将东西老街连接，桥两边的"美人靠"已不多见了。平日里人不多，遇上赶集，只见桥上的"美人靠"挤满了人，有的背着背篓歇息，有的在桥上望风景。

洗车河原本就是一个寨子，后来成了湘西远近闻名的古镇，很大程度得益于津通巴蜀的古道。从洗车河的坡子街上去，在尽头还可以看到石板路一直通到龙山县城。

洗车河有条著名的坡子街，亦叫天街，位于临河西的半坡之上，很陡，且足足有 500 米长。若抬头往上看，帽子都可能会掉下来。过去与河东的东平街同为洗车河最热闹的街道。因为它通龙山且又是官道的必经地，所以在这条街上聚集了许多的商铺、客栈。2010 年来的时候，还能看到少许门面和住家，后来越来越少。2017 年来时几乎成了一条荒芜街。

天街之上方有一汉白玉石门人家，门牌 124 号，屋主人姓田，每次去洗车河我都会去那看看，并思绪很久，只因门柱上刻有一对联很让人回味：满堂和风流市面，四围清荫到坡头。横批：退后宽。读着这幅门联，自然会想象这家主人竟有如此的淡泊胸襟与修为。

龙山县 洗车河

龙山县 洗车河

龙山县 洗车河

　　洗车河还保留有两条老街，桥东是东平街，青石板路面，临街两边是商店和居家，部分保留了从前留下的木板门店铺和老商号，如"李吉盛号""京广杂货"，依稀散发着曾经有过的繁荣气息。

　　尽管老街已经换了新装，但土家小镇的淳朴民风民俗还在。河岸上高低错落的吊脚楼掩映在垂柳与这青山绿水间，依旧那样的古朴，具有浓浓的湘西风情。

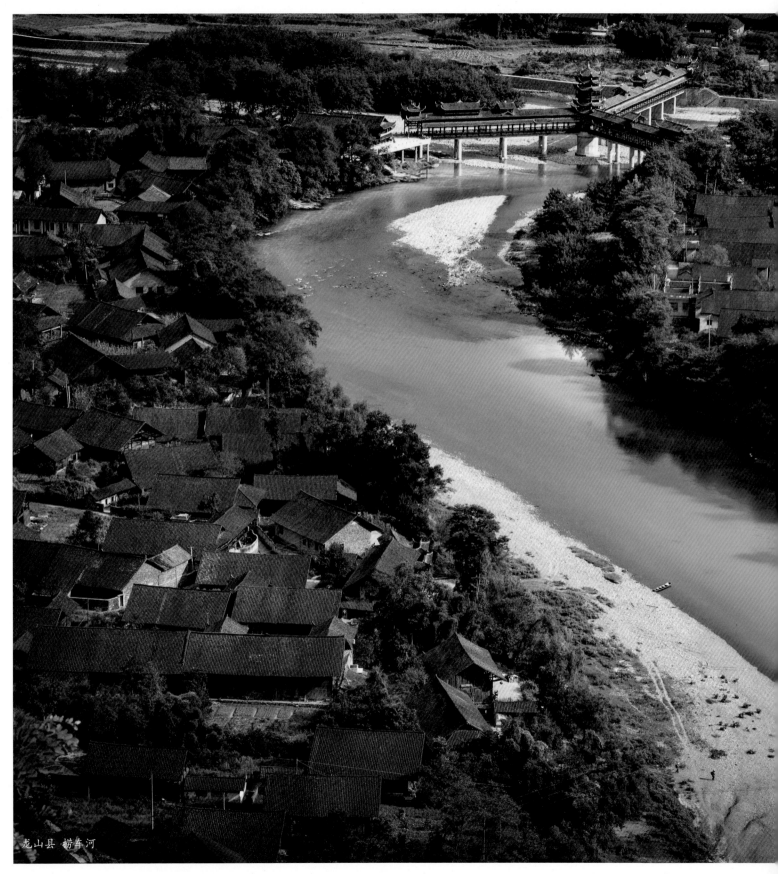

龙山县 捞车河

捞车河：她们在编织着生命的图景

从神秘的里耶古城沿美丽的洗车河顺流而下，在靛房河与洗车河交汇的地方，有一依山傍水、渔舟唱晚、民风古朴的自然村落，她就是武陵土家第一寨——捞车河。在土家语中，"捞车"是"捞尺车"的简称，意为太阳。因此，捞车河在土家语中意为"太阳河"。

捞车河与洗车河据说同出于一个古老的故事。湘西土著首领吴王因战败逃至捞车河的上游洗车河，一行人绝处逢生，尽情在河中取乐，连木轮车被河水冲走也没有察觉，等到集合人马时才发现车子不见了，追了10公里才捞上来，于是这个地方就叫捞车河，捞车河地名也一直沿用至今。

洗车河与捞车河相距很近，洗车河有座百年古老风雨桥，捞车河则有座被当地人称为"世界第一风雨桥"，只不过是现代版的风雨桥。说它是世界第一，是因为其长达288.8米，就其造型与规模算得上最长最大的风雨桥。这座风雨桥横跨捞车河与靛房河两条河流的交汇处，呈"丫"字形，连接河岸边的捞车、梁家、惹巴拉三个自然村寨，取代了以往的渡筏或"拉拉渡"。

捞车河风雨桥为三向构造，其长度比世界纪录保持者246.7米长的芷江侗族自治县龙津风雨桥长42.1米；其外形也较完整地保留了土家风雨桥的特色与建筑符号，而且成了湘西风雨桥的一大景观。漫步在风雨桥上，看着那些挑着担子，背着背篓，或者赶着牲口，或者坐在"美人靠"上悠闲自得的老者，你不能不说它是一项造福百姓的利民工程。

这个原始的土家自然村落，河西是惹巴拉，河东是捞车、梁家寨、耶铺、拉卡车，它们如荷叶般安卧在风景如画的山水、田园之间，聆听着自然的天籁之音。

按姓氏这里集聚着千户人家，五六千人，以彭、梁、向三大姓为主。走过风雨桥来到捞车村，清一色的土家木屋，自然、原始、清新扑面而来。很难想象，如果没有这座风雨桥，"拉拉渡"不知来回了多少年，就这么静静地渡着河两岸人家。

捞车河的土家织锦是第一批国家级非物质文化遗产，刘代娥与姐代玉、妹代英又是湘鄂黔渝出了名的土家织锦三姐妹。如今的土家人再不穿"家织布"了，可土家妇女的手依然那么的灵巧，织布机的声音依旧可听。不同的是，现在织布棉线上了颜色，梭子变成了弯针。

土家妇女拿着小巧别致的针，行走于五颜六色的线丝里，她们还是不停地编织着土家人的生命图景，编织着土家人生活的点点滴滴。

龙山县 捞车河 国家"非遗"传承人刘代娥

龙山县 捞车河土家寨

织锦土家语称"西兰卡普",是打花铺盖的意思。刘代娥打开一张张各色花样的织锦让我观看,真不是普普通通的布料,而是一幅幅画。土家织锦是一种极其古老的民间手工技艺,与蜀锦、壮锦、云锦合称为"中国四大名锦"。

这里的土家人似乎仍然过着日出而作、日落而息、男耕女织的生活,仿佛能够让人感觉到"声声鸟语里,户户织机声"的世外桃源。再走进"国家级非物质文化遗产"传承人刘代娥的家,她正坐在织布机前忙碌地织着织锦。

树比：冲天楼，离天三尺三

"四川有座峨眉山，离天只有三尺三。树比有座冲天楼，一只角伸到天里头。"坐落在龙山县苗儿滩镇的树比村冲天楼，就是这样一座极具民族特色的土家建筑。

在土家的古谚里，冲天楼比峨眉山还高，有一只角竟然伸到天里头去了，可见冲天楼的气势和雄伟。自然界有许多"独一无二"，人世间包揽了所有的"绝无仅有"。而冲天楼，就这字眼就可堪称"独一无二""绝无仅有"的了。

树比原名"树碧"，距捞车河4公里路，她面山背水，山环水抱，坐落于青山峡谷之间。不但有灵气，更让冲天楼有了几分神秘。寨子里的所有民居，也为清一色的木板房、吊脚楼。

土家人的建筑风格和他们的民族性格一样，追求天然与粗犷，有种憨厚的美。常以柱子粗大为美为荣。在早期的建筑中，窗小檐低，有很强的防御性与私密性。建筑结构一般为四排三间，穿斗木结构是他们的最典型的建筑组合形式。排有三柱四棋、五柱八棋、七柱十一棋等多种组合，排越多间越多。

树比村主要为王姓，还有黎、向、舒、周、田等少数他姓。王姓发端于始祖王江怀的迁入，兴于三世祖王福，盛于建造冲天楼的四世祖王文胜。

据说，冲天楼得益于这个土家寨子的自然环境，还有它强势的传统农业。晚清、民国期间，树比曾一度成为龙山境内的鸦片种植基地。树比兴于清初，盛于晚清、民国，最为强盛期拥有一支一百多人枪的队伍，田土权属延伸到周边的苗儿滩、靛房、坡脚、他砂、凤溪、洗车等地域。如今，遗留在树比村旁那残破的土窑仍讲述着这段历史的辉煌。正因这个基础，才有了冲天楼建造的历史传奇。

一座楼见证一个土家山寨的百年薪火传承，一座楼汇集古老土家建筑木工技艺之大成，一栋木质吊脚楼建筑完成400年的历史穿越，在南方这如此潮润的土地上留存，无疑是一个奇迹。

龙山县 树比土家寨

233

龙山县 树比土家寨 冲天楼

　　冲天楼于清康熙年间修建，面阔七柱六间，屋顶为两层凸出天厅的两个冲天楼子。

　　如此庞大的冲天楼，整栋建筑居然不用一颗钉子，全系卯榫嵌合，既显示了土家族高超的建筑工艺，又包含了所有土家单体民居的建筑形式，如转角楼、四水屋、望月楼等土家合体民居的建筑形式。冲天楼有两个大堂，大堂有神龛，上方挂匾，两旁贴对联。"三槐世第""武库维新""竹苞松茂"，高悬了几百年的这些匾额，意境深远，彰显了这座独一无二的冲天楼的历史文化。

龙山县 树比土家寨 吊脚楼

龙山县 树比土家寨 冲天楼

　　冲天楼由正屋、石阶缘、岩平坝、排水沟四部分构成，占地 10 余亩。两个凸出天厅的冲天楼子，高约 10 米，为三重檐飞檐翘角结构。冲天楼子为穿梁结构，有十字架梁，由四十八柱、枋、挑穿梁构架而成。

　　正屋左右配有转角楼；大小房间 40 余间。冲天楼面阔七柱六间，进深正屋四间，拖步两间；分左右两区，天厅平整；地基前低后高，前堂与后厅由青石台阶相连。前堂后厅设有神龛，上供祖先牌位。神龛上挂匾额。后厅天厅为冲天楼子。

　　站在冲天楼底下仰望，如此高的建筑下雨时竟然看不到雨水从何处流走。老人们说，它从拐角里流走了。据说是采用八卦构造，取阴阳轮转之势，正因如此，冲天楼 16 代传承，400 年不倒。

凤凰县 沱江吊脚楼

凤凰："边城"独有的吊脚楼景观

凤凰古城，一座国家历史文化名城。曾被新西兰著名作家路易·艾黎称赞为中国最美丽的小城，与云南丽江古城、山西平遥古城媲美，享有"北平遥，南凤凰"之美誉。

打开百度，有一段这样的描写：沱江河是凤凰的母亲河，她依着城墙缓缓流淌，世世代代哺育着古城儿女。坐上乌篷船，听着艄公的号子，看着两岸已有百年历史的土家吊脚楼，别有一番韵味。顺水而下，穿过虹桥一幅江南水乡的画卷便展现于眼前：万寿宫、万名塔、夺翠楼……一种远离尘世的感觉油然而生。

沱江的南岸是古城墙，用紫红沙石砌成，典雅不失雄伟。城墙有东、北两座城楼，久经沧桑，依然壮观。沱江河水清澈，城墙边的河道很浅，水流缓和，可以看到柔波里招摇的水草，可以撑一支长篙漫溯。沿沱江边而建的吊脚楼群在东门虹桥和北门跳岩附近，细脚伶仃地立在沱江里，像一幅永不回来的风景。

临水而立、高低错落的吊脚楼，一面悬挂在江边水中，下面伸出长长的"脚"，深深插在江水里；另一面则搭在河岸上，前临街道，与古城相通。与许多地方的吊脚楼一样，看似并不够整齐美观，甚至还有些风雨飘摇、东倒西歪，但细细观赏，如同列队的士兵，恰到好处地形成了美学中特有的美感之一：线条美。

凤凰，因她的历史文化，也因沱江边的吊脚楼，变得厚重而飘逸，被中外游客所青睐。传说吊脚楼最初是土家人为防止猛兽和毒蛇的袭击搭起的"狗爪棚"，即用大树作架子，捆上木材，再铺上野竹树条，在顶上再搭起顶篷，吃饭睡觉都在上面，这种原始的"空中住房"后来就逐渐演变成了今天的吊脚楼。

凤凰古城始建于清康熙四十三年（1704），而凤凰的吊脚楼则起源于唐代。唐垂拱年间，沱江便有了零星吊脚楼，元代以后渐成规模。今日凤凰古城的吊脚楼多是清和民国初期所建，最具特色的自然是虹桥两边的不到一里路的吊脚楼。

像凤凰沱江古城河岸边的吊脚楼群，以其壮观的阵容在这片土地上的存在确是十分罕见，多少个世纪以来它在风风雨雨的历史长河中代表着一个地域民族的精魂，如一部歌谣，一段史诗，记载着世事沧桑、风雨飘摇的历史，记载着寻常的百姓人家故事。

如今，沱江两岸吊脚楼悬挂的一串串红灯笼，随风闲逸地轻摇着她那婀娜庄重的"中国红"身影，尤其是夜晚，七彩的灯光倒影映在清澈的沱江里，这情这景，犹如天上宫阙，琼楼玉宇，不是江南却胜似江南。

贯穿湘西凤凰东西境内的沱江，流经凤凰县城回龙阁，一个大"S"形拐弯，鬼使神差般地铸就了一道让世人叹为观止的"边城"景观，那景观与其说是大自然的恩赐，倒不如说是湘西人的艺术杰作——吊脚楼。

　　早晨，薄雾飘起，分不清哪是水哪是天哪是雾，朦胧中的凤凰古城，时隐时现的吊脚楼，船夫和轻纱般的雾一起，悠闲地歌唱、悠荡、缠绕绵延远去。晨雾中，朦胧里，璀璨着它的红艳与韵致，撑起沱江那人间仙境般的亮色与古城的喧嚣。

凤凰县 沱江吊脚楼

凤凰县 沱江吊脚楼 雪景

　　夜幕降临的凤凰，初雪压满了屋顶，吊脚楼里透出点点烛光，它是一个令人忘俗的所在，它让你去欣赏去回味、思考"边城"独有的吊脚楼现象。而今的凤凰弥漫了浓郁的商业气息：青石犹在，马铃叮咚；灯笼高挂，红烛飘摇；依稀如昨，别样繁华；老屋虚掩，正待客来。

　　生活在这里的人们经营着自己的银器、丝绸和特色食品，还有客栈等老行当，以这种习以为常的方式和现代商家的手段，留住古城的古韵和灵魂。

紫荆堂：湘西老院子里的留香

张家界过去叫大庸，过去是一座很不起眼的小县城，因她让世人震惊的奇丽风光而名场四海。在城内有着一座历史上曾经富甲一方的田家大院。

田家大院又名紫荆堂，位于张家界市郊的鸳鸯湾，为大庸县田氏家族的豪宅，距今已有280年的历史，因其建造属于典型的土家族吊脚楼式民居，又有着"土家第一宅"之美誉。

始建于宋真宗年间的田家大院，后进行过多次修复。族谱记载，田氏先祖田承满曾在北宋先后出任太保、太傅、太师之职，以统抚衔代朝廷管束湘西诸土司。现在的老院子是由其后人田起瑗按照典型的四合天井烽火墙式土家建筑风格于清雍正初期修建，修建时共用了820根椿木，100多名工匠花了3年才得以完工。

踏进五层大飞檐老院子，一道幽深的"状元门"长廊陡然让你感觉已经置身于历史的时空。五个槽门、三层堂屋、四个天井、四合围墙，东西对称，布局严谨。

古老院落造就了八代书香门第，外表看似朴实无华的吊脚楼古民宅，里面却深藏着厚重的文化底蕴。除了它保存的完整性、风格的民俗化之外，室内的老式家什在全国也是罕见，那些金银铜器、陶瓷木雕、古玩字画，都是传世的珍宝。

"五滴水雕花福床"，属镇宅之宝，不亚于皇帝的"龙床"，在民间堪称罕见之物，光华富丽、雕刻精美。据说"五滴福床"由土家哭嫁习俗演化而来，共五层即五滴。其结构与吊脚楼开间结构相似；床柱与吊脚楼的立柱相仿；围栏及图案与吊脚楼的栏杆栏柱图案相同；床顶周围的床檐与吊脚楼中的雀替互相借用；床顶的花罩酷似吊脚楼的屋顶，这些床均与吊脚楼有异曲同工之妙。

这里人气很旺，功名者甚多，秀才、举人、翰林院大学士、四品京官、皇封恭人，算是老院子一道闪亮的人文风景。

张家界市 土家族田家大院

唐家观：繁华不在，吊脚楼依旧

　　从安化县城东坪镇沿怀桃公路东行13公里，可见资江对岸的青山绿水之间，有一排排古老的吊脚楼，走过电站大坝，便是唐家观。如今唐家观仅一条老街。

　　老街略显冷清，没有了过去的繁华与热闹，不少建筑或铺面已经朽化或者荒芜。老人们说，过去街道很长，长长的青石板路从街的这头砌到街的那头，并以台阶的形式延伸到资水河边，与码头相连。靠东边的石板路则修至山顶的茶亭，成为过山的捷径，从那里可以看到唐家观与资水河的全貌。

　　来到资水河边，原生态的河滩早已被现在的水泥马路所取代，但悬于河岸边的吊脚楼和从老街延至下来的石板路，似乎还可以想象出当年的场景。

　　唐家观的历史很是悠久，唐代就有唐家观，至今已有1100多年。这里的居民大多是江浙一带避战乱迁徙而来的，精明的江浙人在这个天高皇帝远的地方办商埠、建学堂、砌码头，很快吸引了周边甚至更远的客商纷至沓来。

　　唐家观前有资水，东有珠溪，西有崩崖山，"五山半露青山外，三水环抱唐家观"。既是茶马古道的重要驿站，也是茶马古道的始发站之一，自然随之衍生了各种商铺、饭庄、客栈，甚至妓院等等。

　　据说过去这里光装卸货物的码头就有9个，资江河里整日停着大小商船，形成了一个颇具规模的商业重镇。后来随着公路的修建，唐家观和所有的水路运输一样，在经过数百年繁荣之后逐渐衰落，淡出了历史舞台。

　　最抢眼的靠南段靠江边的几栋吊脚楼，仍然高高地顽强地耸立着，和老街里的店铺、石板路一样，旧迹斑斑，东倒西歪，尤显孤寂与苍凉。几百米老街转眼间就走到了尽头，如同它的辉煌过去一样，走完了它的全部历程，只剩下静谧古镇的留守岁月：店铺虽在，却门庭冷落；作坊里，没有了骡子推磨的隆隆声；妓院里，更没有了迎来送往和打情骂俏。

　　也许，这脚下的青石板，两旁的大宅深院，还有那破败的吊脚楼回廊一角，能叙说昨天的故事。

安化县 唐家观 老街

洞市：茶马古道上的老街风雨桥

有些中国地图上，湖南板块中可能没"安化""东坪"这样的地名，但一定会有"洞市"。一条发源于大熊山的小河——麻溪穿越其境，直达资江，麻溪河有个暗流奔涌、深浅难测的"三门洞"，"三门洞"附近有繁华的集市，洞市因此得名。

洞市有一条著名的老街，因在邵阳、新化、安化至湘西，达云贵的必经要道上，亦是茶马古道的重要中转站。从安化江南镇行20公里就到了洞市，远远地就看见著名的风雨桥——永锡桥。

走进洞市，老街的正门石刻一副对联：洞天福地青石板，市井古卫老街坊。据记载，从明清至民国的几百年里，这里商贾云集，店铺如林，作坊遍布。"泰美和号""瑞福祥""德胜隆""李氏药铺""汤家油伞""贺家杂货"，老字号一家挨一家。唐时的"渠江薄片，其色如铁"，宋时的"先有茶，后有县"，明清两代的"四保贡茶"，还有官方与民间通往西北的茶马古道，洞市老街似乎都曾经见证过。

老街不长，几百米的青石板依着山势延伸一直往上走，高低起伏、山路弯弯。如今，老街两旁大多是湘西山里常见的木屋，昔日的老字号商铺唯有"德胜隆粮油"的字号还在，其他早已不见了踪影，只留下这一间间门面房，大多是卖着当地的特产，笋干、干菜、干菌等，还有各式包装的种种黑茶。

最有名的建于清同治年间的贺家祠堂还在，高高的马头墙仍有几分庄严。大门有两对石刻联，道出了洞市的风景、贺氏家族的经商之道："梅岭云开诸峰挺秀，镜湖月朗万派长流""由姜由庆由贺隔非一脉流溃毋庸混入，曰诚曰信曰祚既属同宗族谱定许全收"。

慕名而去的陈五芝花屋，已经败得七零八落，只剩下一个空空的天井院落。建于清代咸丰年间的陈五芝花屋是洞市最大的古民居建筑。

陈五芝的祖父原先在洞市老街开了一家小旅店，一天，两个新化人担着沉甸甸的篾笋担子歇宿小旅店，吃完晚饭后与店主秘密约定，将担子打封寄存于此，并将吹火筒劈成三块，三人各保留一块，取货时，三块合拢方能取货。两个月后，其中一人带吹火筒竹块三分之一来取货，陈五芝祖父不肯。又过数月，这人又来取，仍坚持不发。之后，再未见人来取货。后来有消息传，有两个新化强盗抢了两江总督陶澍的官船，担着一担金银不知去向。

陈五芝的祖父听到消息后，在好奇心的驱使下打开两个篾笋担子，只见里面金光闪闪，全是金条，他不敢声张，原封不动。又过了多少年，强盗抢官船的消息变成了陈年往事，陈五芝的祖父便用这笔意外横财广置田土、大兴土木，修建了这座花屋建筑群。

不知是传闻还是杜撰，就当一回茶余饭后吧。

安化县 洞市 永锡桥

一条水泥路将这条几百年的老街一分为二，肩挑马驮舟运的年代已经一去不复返，连带着把市场声把往来的人流也一一带走，青石板，老店铺，旧行当，仅供闲适的人们驻足一游，怀一把并不曾经历的旧。

老人们说：清代至民国时期，洞市老街商业繁华盛极，运输货物的竹排绵延数里，马帮列队，驼铃叮当，游人如织，物畅其流，一派梅山清明上河图的景象。幸运的是，虽然茶马古道已成了历史，但这条老街得以幸存下来。

安化县 洞市 茶马古道 老街

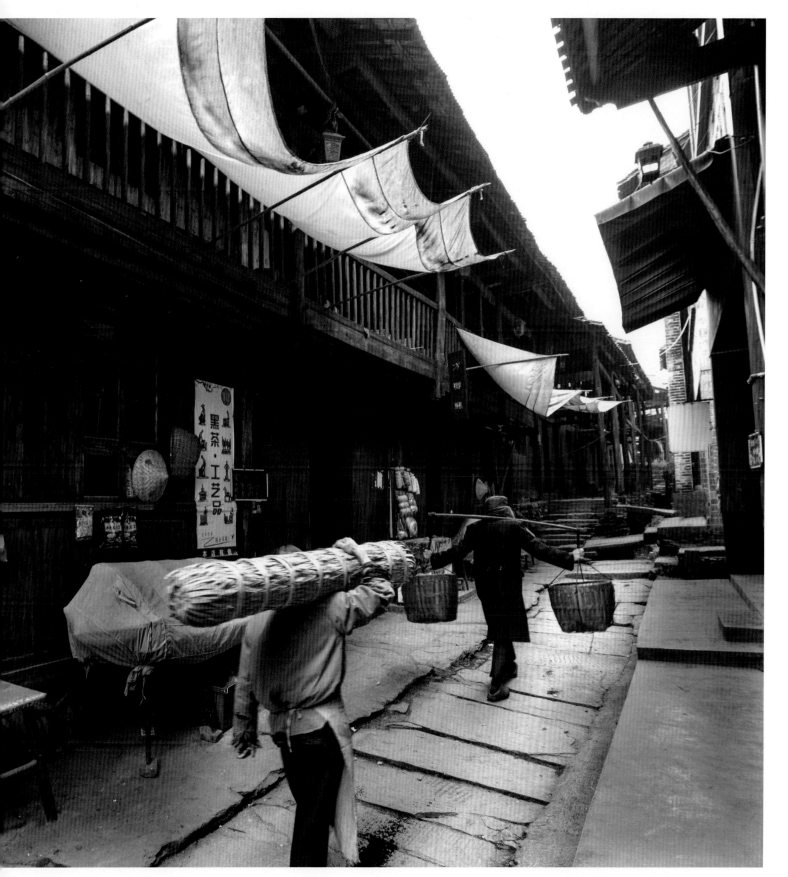

隆回县 大托瑶寨

花瑶：从头到脚花的世界

去隆回县虎形山拍摄花瑶，完全是冲着她的美去的。这里的瑶族女人特别爱美，她们的服饰承袭着其先祖既古老又新奇，既传统又怪诞，既简约又繁缛的风格，个个着装艳丽绝伦，火辣抢眼，从头到脚几乎都是花的世界。随着她们娇美的身影在那绿意葱茏的山野间闪动，远远望去，俨然束束耀眼的山花。

瑶族是古代东方"九黎"中的一支，是中国华南地区分布最广的少数民族之一，传说瑶族为盘瓠和帝喾之女三公主的后裔，"盘王"是他们鼻祖，只是他们几乎被世人和史料所遗忘。隆回花瑶与瑶族其他分支不同的是，他们不知道瑶家鼻祖"盘王"，也不知何为"盘王节"。

花瑶，尤其是隆回虎形山的花瑶，严格意义上讲是因挑花而得名。据东汉应劭《风俗通义》记载，瑶族祖先"积织木皮，染以草实，好五色衣服"，说明汉代以前瑶族挑花就已兴起了。挑花，对于一个没有自己文字的民族，其意义显而易见。它以其独特的方式书写了一部穿在身上的民族史书。花瑶女性通常在筒裙、腿绑、裤脚、腰带、衣袖、马褂、头巾、背带、围裙等上面挑花，每一件挑花都是一件精湛的艺术品，花纹图样丰富、古朴而纷繁：花草树木、飞禽走兽、人物生活、古老传说等等。花瑶女人们凭借一双慧眼和一双巧手，无须设计、打稿、描图和放样，按照自己的腹稿飞针走线，体现出浓厚的民族特色和乡土气息。

见过湘南地区部分平地瑶、土瑶和民瑶的住房，这里的房屋与湘西地区少数民族房屋基本相似，尤其是与苗族相同，均属山居民族，称为"过山瑶"。因此花瑶村落大多在高山密林中，虎形山花瑶就是如此，房屋比较分散，或建在山顶或半山腰或山脚溪畔。建筑多为木质结构，有横宽式、干栏式、曲线长廊式和直线长廊式，即瑶族房屋建筑主要的四种形式。

当地人说，旧时居住的房屋极其简陋，一般是用杉木条支撑而成的栅屋，上用茅草或杉木皮覆盖，用杉木条或竹片围成，俗称"千个柱头下地"。现在，瑶族居住条件大为改善，大多已住上板壁屋、土墙屋、砖瓦屋。

花瑶最具特色的寨子是大托，俗称"建在好大一块石头上的寨子"，有"飞瀑流泉直挂云天，清幽野趣气象万千"之称。古老的村寨，摩天的崖壁，奇异的巨石，秀美的溪河，原始次生林中的古树群体，加上新近揭秘的神奇大峡谷和充满野性的大瀑布，以及串串状若仙湖的深水潭，构成了花瑶山寨大托美丽自然的绝佳生态环境。

清溪：杨氏家族四合院的传奇

来到城步苗族自治县儒林镇清溪村，首先站在村后的山坡俯瞰这片古老的民居，只见黑色的屋脊鳞次栉比，高耸的马头墙起伏有致。再走进一栋栋四合院，仰望那些古老掉了漆的匾额，触摸质朴淡雅的窗花，每一栋都好像在诉说着一个传奇，诉说着清溪当年的繁荣与古老文化。

这里聚集的是杨氏一族。当地族谱显示，这里曾生活着为数众多的杨姓居民，其中就有唐末"飞山蛮"部族首领杨再思、南宋抗金名将杨再兴等将领。距清溪村不远处，杨再思墓，仍香火不衰。

清溪杨姓始祖杨应魁系杨再思第六世孙。杨应魁生于南宋理宗宝庆元年（1225），曾任绥邑莲荷巡检司。南宋度宗咸淳三年（1267）杨应魁携妻子由赤水至清溪，他见此地远山龙脉起伏有序，后龙山脊来势高远，地势开阔，水口紧闭，于是毅然选定这里作归宿之地。

《杨氏族谱》记载，杨应魁定居清溪后，特在村前河流上架设了一座龙拱桥。明洪武元年（1368）其子孙又在清溪河西北添修了一座清安桥。明洪武十一年（1378）再建水坝，引龙泉洞溪水入村，历经六个多世纪，至今仍是村民洗涤的常用水，并继续浇灌着田土的农作物。

清溪最大的四合院是生于清康熙四十二年（1703）的杨周翰修建的一座三进四合院，分庭院、前厅、堂屋，有三道门：槽门、庭院门、堂屋门。正厅堂屋里有神龛、镇宅位。窗户门檐均系镂空花雕。

清溪最经典的小四合院是杨眉公（邑文庠生）于清康熙三十一年（1692）修建的，造型雅致。无论是门窗、挑檐、栏杆和柱脚石的雕刻，还是木刻花格窗雕，均可堪称艺术"绝活"。

自宋以来，从这里走出去的达官显贵有50多人。这里也曾是商贸繁荣之地，明清时期的清溪是湖广两省的通商要道。当年的清溪，驿道两边满是做生意的铺子、饭馆、旅社、药店、商号、杂货铺，店铺林立，琳琅满目，每天天一亮，各种铺子就开门营业，来往客商过武冈到桂林，都得走这条"官道"。

如今，繁华已经远去，昨天的熙攘热闹变成了今日的异常安静。

城步苗族自治县 清溪村 四合院

城步苗族自治县 清溪村

256

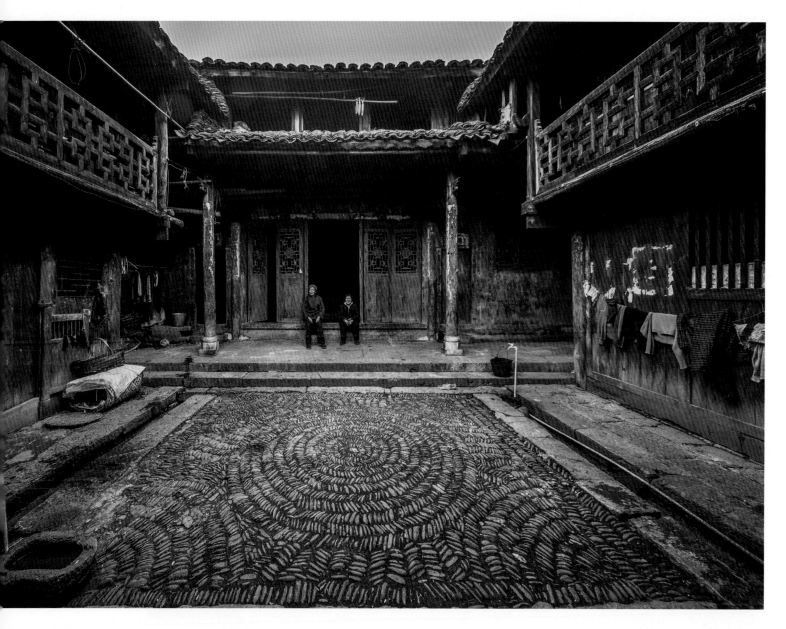

城步苗族自治县 清溪村 四合院

　　最吸引眼球的是那四扇堂屋门上的镂空雕花，有福、星、寿、喜。几乎印在每一个角落里。大门为"八字"槽门，槽门位于东南一角，不正对院中央和堂屋。据说这是祖先教育后人，为人处世要"不显山露水"。站在院中很难看出门在哪里。这种封闭而不死，敞放而不乱的布局，有聚财之意。不得不佩服先人们设计建造房子时的良苦用心和独具匠心。

　　院坪为清一色的鹅卵石铺就，且有寓意深邃的图案。现在房子主人为杨家26代世孙杨沛友，他说这座古宅里出过文官武将，是人杰地灵之宅。从前门与正厅幸存的四块匾额，就可以看出确为旧时官宦人家："栋启环庭""清雍宅相""皆荣九代"，分别为清道光、嘉庆年间。

城步苗族自治县 清溪村 區額

城步苗族自治县 清溪村 區額

258

城步苗族自治县 清溪村 神龛

城步苗族自治县 易家田村 鸟瞰

城步苗族自治县 易家田村 惜字炉

易家田：沅水上游第一湾的陈氏聚落

一个山环水绕、古朴静谧的地方，一派景色优美、田园风光的苗乡，是被称为沅水上游"第一湾"的易家田村。易家田坐落在城步苗族自治县丹口镇的大回水湾处。据说明清时期这里有湘西南城步苗乡的第一大码头。沅江上游的巫水河畔有三个居住千人以上的古村落，易家田就是其一，故有着千里沅江"第一村"的美誉。

明洪武年间，陈汉彪三兄弟自江西迁至湖南，在湖南的新化、绥宁、城步各居住一处。陈汉彪沿巫水河而上，定居于巫水河西岸的城步羊石田，繁衍生息。清朝初期，汉彪公第十六世孙陈通福，再溯流而上迁徙到巫水河上游的易家田。于是易家田成了巫水河上游的黄金大码头。在一座古老建筑墙体上见到一块刻有"乾隆二十年"字样的铭文砖。其他几个四合院为道光以后修建。

从空中鸟瞰，易家田村至今保存四个完整四合院建筑，这四个四合院落保留了湘西南苗族建筑文化特色。最早的为清乾隆年间所建。城步苗族自治县城南部地区，由于地势险峻，山多田少，为节省耕地，苗民建筑一般以三层重檐木质卯榫结构的吊脚楼为主，而易家田的四合院落呈矩形、方形庭院，四面修造房屋，每座房屋之间用走廊连接起来，各房屋的外墙形成对外封闭的"马头墙"。每座院落有槽门，鳌头高耸。院内设有小天井用于采光和聚客。板壁门窗有花鸟虫鱼等雕饰。

研读一下历史就会发现，元朝末期，城步等地爆发苗瑶起义，曾席卷湖南、广西、贵州和湖北，后被镇压，伤亡惨重，有近十万苗瑶民众被流放迁徙他地。明朝建立后，朱元璋为了恢复国力，实行史上有名的"江西填湖广"大移民运动，从受战争波及较小的人口大省江西迁徙民众至湖广地区，城步是这批移民的安置区。

城步苗瑶民众的住房原本是板壁建筑形式，江西移民徙入后，带来了砖木结构建筑技艺，因而在城步北方和西北方地区修建了大量砖木结构的四合院落。丹口镇羊石田从明初洪武年间开始建寨，至解放初期共计有古民居 360 余座，因遭受 3 场火灾，损毁了 200 余座，至今还残存小部分。易家田因建村较晚，现仅留存的几个四合院实属珍贵。

易家田村有座非常经典的"惜字炉"，呈六面形，分底层、亭座、亭身、云盖、亭顶五部分，顶层为 3 个宝葫芦。第一层正面刻"惜字炉"三字。炉门两侧有对联："斯文宜未坠，道器自常存。"

261

城步苗族自治县 羊石田村 "进士第"

丹口：羊石田的"进士第"

城步苗族自治县丹口镇羊石田村，解放前夕有古民居建筑三百多栋。老人们讲述，那时挑货郎的生意人进入羊石田，没人带路是走不出去的，因抬头只见一线天，看不见河，看不见山。"进士第"是一座坐北朝南的四合院，大门上面有清康熙三十五年（1696）题刻的"进士"二字，虽然年代已久，至今仍光彩耀目，清晰可见。

关于这座"进士第"，有太多的传说。考取进士的主人是陈姓始祖陈汉彪的第六代世孙陈公谟。《陈氏族谱》记载，陈姓始祖陈汉彪三兄弟于明洪武年间自江西迁至湖南，在新化、绥宁、城步各居住一处。陈汉彪徒涉至羊石田时，发现这里四面环山，有一片上、下两梯约百来亩的平整开阔地，开阔地前面有一条清澈的小河流下，也就是现在的巫水河。开阔地的后面有一块高约两米的巨石形似卧羊。陈汉彪看到这里山清水秀，就在这里生活居住下来，并将此地取名羊石田。

"进士第"修建于清康熙三十五年（1696），为砖木结构的四合院，院内有小天井，东西两面有晒楼，天井的四合地面都是石板铺设，正屋堂屋门窗精雕各种花草，堂屋门上中间两排柱子穿枋上面雕刻的花鸟图案尤为美观。主体外墙四周檐头雄壮傲立，檐头下方四周画有各种花鸟图案。城步南部地势险峻，山多田少，苗民建筑一般以三层重檐木质卯榫结构的吊脚楼为主，羊石田"进士第"四合院，与湘中南地区四合院明显不同，相对比较窄小，每座房屋之间用走廊连接起来，这种走廊形状像吊脚楼。各房屋的外墙形成对外封闭的"马头墙"。院内设有小天井，用于采光和聚客。

这座有着300多年历史的古宅能完整地保留至今，且能避免两次大火的洗劫，可见这座四合院古建筑的生命力之强。第一次大火，是解放前夕匪首张云清在羊石田放火。第二次大火发生于2010年，这场大火又烧毁了九座古民居。两场大火的幸免都源于"进士第"四合院有高高的风火墙，虽然大火漫延至一墙之隔的邻舍，"进士第"却神奇地躲过了一次次劫难。

现在，羊石田整个村落的古民居仅存几栋，倒塌、残缺、破旧的祠堂、牌坊、匾额、碑文碎片，遗落在古村落的四周，几乎随处可见。"进士第"几年前就不再有人居住，室内那些精致的镂空木雕多已破损和朽烂。东西两出入侧门，"德义门"尚存，"芝兰室"门不知什么时候用砖封死。老人说，过不了多久这房子都会倒。随着年代的远去，历尽沧桑、不堪重负的古宅，似乎告诉来这里的人们，这里的儿女已走出古宅，去了他乡……

怀化市 洪江古商城 窨子屋

三、窨子屋：你独树一帜的豪门霸气彰显着古建筑的野性之美

方方正正地围成"一颗印"的窨子屋，酷似铁桶般的四面高墙，粗犷气派之间，又不失一种野性的古典之美。

在中国许许多多的风土建筑中，大湘西"窨子屋"称得上"独树一帜"，且有几分高深莫测与豪门霸气。这种源于侗族创造的传统特色民居，有着1000多年的历史。从外形看，它与湘中湘东南地区的大宅院，以及与江南流行的"徽派"建筑都有所不同，少有马头翘角，墙体呈上下一般粗或方形和不规则椭圆形，外围均是高墙包围，以青砖砌成，再涂以石灰砂浆，形似四合院，屋顶从四周成比例地向中心低斜成小方形天井，连墙之间有晒楼。窨子屋或住家或经商，一个封闭的私密空间，不仅坚实、美观，且带了些许神秘。

辰溪县 船溪驿村

船溪：古驿道上的高墙深院

从沅陵走 319 国道，南行至三角坪走 223 省道，约 10 公里就进入辰溪县的船溪乡船溪驿村。两旁重峦叠嶂，树木葱茏；一条清澈小溪从村中流过，景色宜人。船溪驿因地处两山之间，中间宽阔，两头狭窄，其状似船，一开始取名为船溪冲，建驿站后取名船溪驿。这里曾是京昆古驿道的驿站咽喉要塞。

相传很久很久前，有位神仙看见山间有一条美丽的小溪，于是乘坐竹船吟歌而下，后来这里就有了人家。明洪武年间船溪设驿站后，地方官进京，都要经过此地。因地处交通要道，人流渐多，于是来往客商修建了客栈、商铺、街道，逐渐发展成集市。

在这些南来北往的客人中，有上至宰相，下至州县的芝麻官，常常在此住宿，一派车水马龙、官商云集的繁华景象。到了清嘉庆年间，驿站发展到相当规模，有驿馆、客房、烟馆、驿卒房、拴马场等，窨子屋民居达 30 多栋，仅屯兵楼就可驻军一万多人。

据考证，船溪驿村始建于元代，明洪武十五年（1382 年）设船溪驿站。从此，沿着水系逐渐形成街巷、古道、驿站。史料记载，"船溪驿站于清乾隆二年（1737 年）改归沅陵，乾隆二十六年（1761 年）裁驿丞置巡司，设驿马 45 匹，排夫 75 名。船溪驿站鼎盛时期，各类建筑

辰溪县·船溪驿村

如驿馆、会客堂、客房、屯兵楼、驿卒房、栓马场、烟馆、茶楼、仓库等，总面积达两万多平方米"。

　　古时船溪有两座风雨桥，即凉亭，也是出进驿站的南北大门，一桥进，一桥出。现存的一座风雨桥，桥的两端是拱形门式风火墙，内部采用穿斗式木构架体系，矗立在建筑之间，是来往驿站的必经之地。走过古桥，便是一条老街，再抬头仰望，只见一座座方形高墙耸立于天穹之间，这便是湘西怀化地区特有的建筑——窨子屋。

　　自古以来，船溪就称为船溪驿，为辰州府沅陵古驿站，有达京都、抵云贵的陆路交通大动脉的说法。前些年，若是出入古驿站风雨桥亭，还能依稀看到两旁刻有"北通京都，南达云贵"字样的楹联，现在已经完全脱落。有专家说，船溪古驿站是目前湖南历史最为悠久且唯一保存下来的古驿站。只是，人民公社化时期，当地政府将古驿站大部分建筑拆除，用于修建公社粮站，现仅存古驿站遗址、石拱桥、石板路和7栋窨子屋。

　　没想到在这这古驿站道上，居然还保存着如此完整的窨子屋古建筑群，锈迹斑斑的铁门无疑记录了这些老宅太多的厚重。600年前的船溪驿，有舒、杨、邬三姓人家先后在此落脚，发达之后陆续修建自己的宅院。

辰溪县 船溪驿村 邬家大院

　　走进古驿站的古巷道内，只见灰白高墙，青砖黛瓦，铁桶式的窨子屋，类似城堡一般，占据着时间与空间。这也是船溪驿村具有湘黔地域特色的窨子屋形式，院墙由高大风火墙围合成四合院形式，内有天井，并多为两进两层或两进三层的砖木结构，墙基依地形砌石 1—5 米，在平地一般由条石砌 1 米左右后，加青砖砌 8—10 米至顶，再以黑瓦加盖，外墙粉刷白石灰。

辰溪县 船溪驿村 杨家大院

辰溪县 船溪驿村 杨家大院

杨家大院现仅存两栋窨子屋，且紧紧靠在一起，只留一个狭长的通道，高耸的风火墙之间，绷出一带弓箭般的天宇。杨姓大院过去有八栋，现在仅存两栋，门前沉睡了的大石磨已成历史的记忆。与杨家大院、舒家大院一样，邬家大院的窨子屋颇为气派，外面高墙环绕，室内雕梁画栋。他们说，邬家是最后迁来的，但家族人丁兴旺，还出了文武举人和朝廷命官。

辰溪县 船溪驿村 舒家大院

辰溪县 船溪驿村 舒家大院

　　数百年的沧桑风雨，老屋虽然破坏严重，但仍能寻觅到多处古驿站建筑
遗址，那些锈迹斑斑的铁门、铁环，包括驿馆墙基、上马石、下马石、驿站
古街、石板路、古井、古楼、古驿道、风雨桥、建筑门楼等。

辰溪县 船溪驿村 杨家大院

这些大宅院多是三进三层，大门照壁上方是色彩斑斓的绘画。跨过高高的门槛，宽敞的大厅内，前有天井，后有神龛，厅堂两边是厢房，只是现在少有人居住。那镂空窗雕虽已熏得漆黑，却透出屋里的岁月与主人家曾经的红火。

杨家大院冲米用的石臼，至今一直在使用，尤其是逢年过节，家家户户来此做一种人人爱吃的"蒿子"粑粑。

辰溪县 龚家湾村

龚家湾：独占一方的名门望族

龚家湾坐落在沅水旁，村口有条小溪、三口古井和三棵300年的桂花树，分别为丹桂、金桂、银桂，村后是群山，村前是一片田园。仿佛迷宫一般的龚家湾窨子屋，和沅水流域所有的窨子屋一样，院墙高深，青砖黛瓦，高梁楼宇，大气磅礴，所不同的是这里有着明显的明清堡垒式建筑的遗风。

龚家湾是一个宗族大村落。龚家湾原名罗公坪，为瑶民荆、吴、宋三姓宗地。明万历十八年（1590），龚氏鼻祖龚荣贵拖家带口从沅陵蒋家坪迁来。

龚家从三代长工、一个茅棚开始，筚路蓝缕，耕读起家，致"人文昌盛，家资饶裕"，后购置此地，大兴土木，遂改名龚家湾。龚氏子孙秉承先祖传训，开荒造田，建房置业，至鼎盛时期，已有"富有四县钱粮，贵有文人五十"的美称。在清代，龚家湾就名列辰溪县著名的"三湾"（龚家湾、石马湾、麻家湾）之首。

桑田依旧，老宅尚存，只是这"旧"里愈加透出历史的印痕，弥足珍贵。现存的12栋窨子屋古民居多为明末至清康熙年间所建，这是湘西保存最好的历史较为久远的窨子屋古民居建筑群。

龚家湾民居的大门多呈八字形，内有一个或几个长方形天井，为二厅堂或三厅堂的四合院结构。大门上方均有各样的题字，无疑是这个村落古民居厚实文化底蕴的展示。

漫步其间，醇厚弥漫的明清气息，让人顿感这里的文化底气和历史的厚重。《龚氏族谱》有载，龚家湾历代共出秀才40余名，举人以上10余名。出过"登仕郎，诰封一典"的龚永槐；"钦赐头品顶戴，署理两江总镇，后任山西道"的龚号章。

村正中有一栋名为区公所的老屋，因新中国成立初期为辰溪县第二区政府所在地而得名，筑风火马头墙，在外围入口有门楼，其上有精巧的门楣飞檐和鳌鱼造型，门楣中枋上有"渤海名家"四个大字；上枋用青砖叠出几层线脚，将屋檐挑出墙面，其上有鳌鱼挺翅造；门楼上部为粉墙，下部分为"水磨青砖"清水墙。

这栋古宅曾有过一段激烈的红色革命战斗故事。1950年土匪围攻区公所，区长王怀珠率官兵抗击，现在大门、围墙，均有子弹留下的孔洞，在村西头山脚下建有一座剿土匪时牺牲的烈士陵园。

龚家湾还有不少著名的老屋，均是"万"字号开头："万朝老屋""万令老屋""万畤老屋""万塘老屋"等等。这些老屋多建于清康熙和乾隆年间。其共同特征：建筑体量大、院落空间大、等级高；形制隆重、布局讲究，院落布局多为"五进、三间、两厢、夹天井"的四合院形式，选材上等、工艺精细。诸如八字门入口的立柱、额枋、面壁的石头、青砖均打磨光滑规整、做工精细。

　　村里有栋最早的窨子屋为"万朝老屋"，建于明万历年间（1573—1620），此屋曾出过 5 个贡生（持国、守国、爵国、理国、永超）。"万朝老屋"大门题字"武陵泽长"，建于清康熙十四年（1675）前后，至今已有 300 多年。大门内外均有挑檐，长长的天井，侧门内为一处休闲游乐的花园，建有凉亭和走廊，门上题有"竹屿别墅"字样。

　　高大粉墙围成的"万谷老屋"建于清康熙十四年（1675）左右，为龚家湾最气派最经典的窨子屋。院墙外是双重大门，门框为石柱石顶，门上的"渤海名家"题字为龚氏堂号，以彰显出主人的荣耀。屋内有三个天井；有戏台、戏堂和家塾；有保存完好、栩栩如生的精美格窗花雕。大门铁环已锈迹斑斑，恰如泛黄的书页。

辰溪县 龚家湾村

辰溪县 龚家湾村 万谷老屋 木雕窗花

辰溪县 龚家湾村 门题"渤海名家"

　　许多老屋留下多少年前的精美的门题石刻、木雕花窗，以及家什，如水车、风车、轿子、匾额等等，他们的后人仍然守候在这封闭的高墙内，曾经的辉煌渐渐沉寂。在谈及先祖以及栋栋老宅时，这里的老人们都如数家珍，言语中间或溢出几分荣光与骄傲。

张家溜：处处洒满着历史记忆

从泸溪浦市沿着沅水大约十几里路就到了辰溪张家溜。走过田坎，踏进古村，一条条深邃的古巷，让人还未靠近，就能感受到其悠远的历史印痕。行走其间，红花岗岩石板路，两边高高的院墙，将天空分割开来。抬头驻足间，仿佛能重新拾起散落周边院落的历史记忆。

张家溜位于沅水西岸的二级台地上，属辰溪县辰阳镇管辖，中间隔着一条沅水河，与辰阳镇隔水相望，辰浦公路穿境而过，沅水绕村而下，水、陆交通十分便利。大概正是依托优越的地理位置，村民富裕，曾有震惊辰、泸、麻三县的造纸业和闻名远近、香火兴旺的聚云庵。

张家溜为张氏宗族的聚居地，属开放型的古村寨，始建于明末，距今已有 400 年的历史。这里的建筑似乎是统一规划布局了的，清一色的湘西地区集防火、防盗和防匪功能于一体的大型窨子屋，一个个曲径通幽的高墙大院，亦有几分森严。

到清末的鼎盛时期多达四十余栋，现在仅存十几栋。这些老宅均用当地的红花岗石作奠基，材料巨型，做工讲究，虽经数百年风雨侵蚀，有的已开始风化剥落，但细直的接缝依然清晰。大多老宅都有一个石柱砌起的大门，上有门匾、门联、石刻等。老宅的外墙都是砖砌的风火灰墙。推开厚重的大门，走进一栋栋老宅，顶盖青瓦、天井、厢房、灶屋、杂屋、主客房分布有致，许多房间有精美的木雕窗花，只是大多已经残缺破败，但仍能感觉到其所蕴含的深厚湘西民族的古民居风格，且留有余香。

这里还保存着国民党少将军长张中宁的故居，留有许多解放初至"文革"期间的标语与口号，当地政府称它为"红色标语"，几乎每栋老宅的里里外外都有，如长沙会战、"为人民服务"、"大队部"、"大食堂"、"人民公社"等等标语。

2017 年去张家溜，听村民说政府准备保护开发，站在高处远眺，村头连片的水田，围绕着远处的古村，也许当年张家溜的先辈们，正是看中了这里的田园美景，才定居于此。现在，张家溜正在用这充满诗情画意的田园美景，迎接远来的宾客。这或许是当地政府的一种愿景吧！

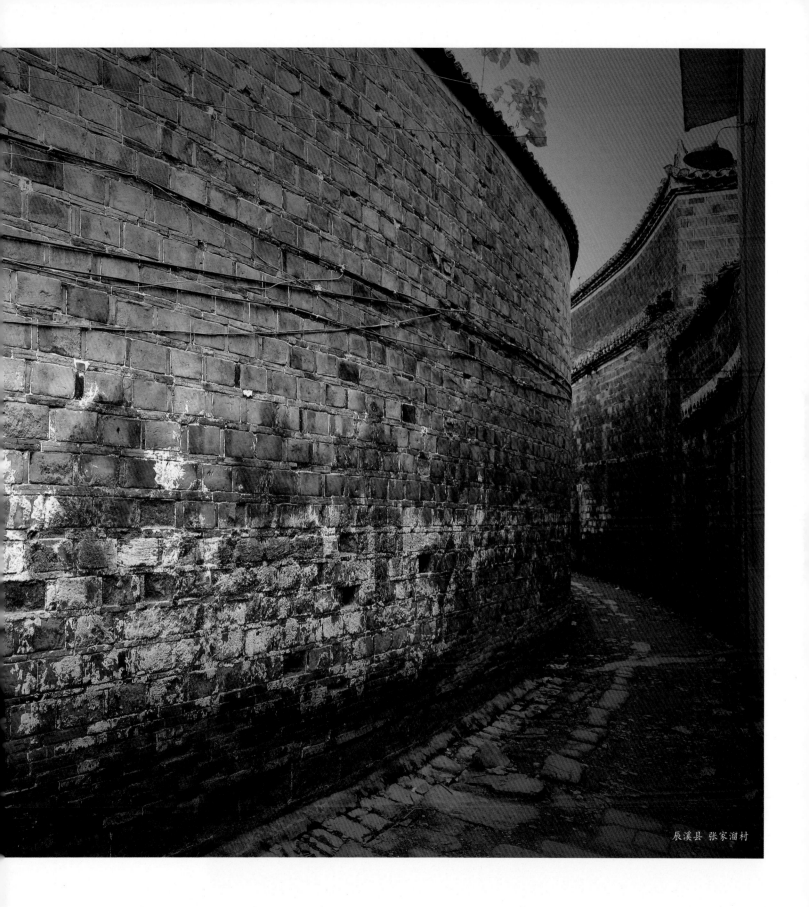

辰溪县 张家溜村

辰溪县 张家溜村 巷道

辰溪县 张家溜村

　　张家溜的古巷道蜿蜒迂回，也极富诗意。高墙下的石板路，沿巷走进深处，时而笔直，时而直角相拐，时而呈弧形拐弯，悠悠古巷，犹如迷宫。尤其是那弧度造型的深巷。它确是一个有历史文化的古村落。这里是曾经的军事交通要塞，太平天国翼王石达开、开国元勋贺龙曾率军途经驻扎，抗日战争期间湘黔战训兵团也曾在此扎营。

龙山县 觉市街上村

贾市：沉睡中的龙山老宅

寻觅湘西土家寨，龙山贾市算得上鲜为人知的了。先是去了里耶、洗车河、捞车河、苗儿滩，贾市是莽打莽撞进去的。从里耶往龙山县城方向走 231 省道，约 20 公里一条小路通往贾市乡。

一条始建于明万历年间的明清古街，数栋沉睡了数百年的老宅，无人知晓与问津，或荒芜或遗弃，或拆除或倒闭，虽然都在静静地躺着，却依然留有昔日繁荣的印迹……

这是龙山县贾市乡街上村。贾市乡原名为贾家寨，元末明初，贾市先人由江西吉安府迁来此处。据说明朝初年朱元璋滥杀功臣，开国将领常遇春的后代逃来此地并改为贾姓隐居。后来又有彭家、蔡家，贾家是最先搬过来的。贾家寨在山的顶端，彭家寨在山腰，而蔡家就在原本也是贾家的地盘，后来蔡、贾两家和亲，就赠送给了蔡家。

贾市之所以叫贾市就是因为贾姓人最先来到这里，以自己的姓为这个地方取名。发达后的贾市又有周家、欧家、高家、郑家先后来此经商定居，沿河建房，渐渐形成了上、中、下相连的古街商铺和宅院。

一条用青石板铺成的千余年老街，两边是参差不一的窨子屋或木板房。窨子屋与吊脚楼间或穿插，相互融合，且高低错落，有着鲜明的湘西老街特色。

最有名气的是上街蔡家的两栋大院、中街周家大屋和黄家老屋，以及下街郑家的进士府第。建于清乾隆年间的蔡家大院，前有青石朝门，中有四合天井，四周有高高的风火院墙。地处码头旁的周家大屋，主人是贾市当时的首富，建造宏大，48 根罕见的落地柱头，内兼 12 个仓库，外有 20 多个门面，"保和隆"商号就是其中之一。

黄家老屋大门为青石构建，门柱为青石柱，门梁也是青石条，上有双龙抢宝、丹凤朝阳等精致的浮雕，两扇大铁门上用乳头钉镶嵌"江夏名家、黄新顺公、五桂联欢、万宝来朝"十六个大字，可见当年黄家何等气派，家业何等显赫。进士府第为郑家大院，朝门的横匾上镶有"竹林双秀"四个大字，清光绪年间，此家一门两兄弟同科考取进士。

踱着缓缓的步子，行走在这石板巷间，仿佛处处能闻到老街里的古色馨香，这也许就是我一直在寻觅的纯粹的湘西古寨！

辰溪县 | 五宝田村

五宝田：最后的农耕家园

群山围着一方盆地，房子倚山而建，高高低低的深色屋顶在山脚下错落有致地排开，远处的田埂呈现出一道道优美弧线。小溪、木桥、老人与狗，眼前这般美景，不就是一幅田园村居图。

第一次去辰溪五宝田，道路还没有完全通，从上蒲溪瑶族乡到五宝田还有一段狭窄的简易山路，没有桥梁，只能蹚水而过，大约十几公里的山路竟然走了两个多小时，路的尽头就是五宝田。

五宝田位于辰溪县上蒲溪瑶族乡，地处辰溪、溆浦、中方三县交界的崇山峻岭中，这里四面环山，一条小河叫玉带河，小河呈"S"形，五宝田就坐落在"S"上端的空白间。"一水护田将绿绕；两山排闼送青来"，五宝田门前的这副对联正是这个自然村落田园风光的写照。

五宝田全系肖姓，为肖家子孙第23代宗安于清康熙年间（1662—1723）从辰溪龙头庵黄桑溪肖家老屋搬迁至此，距今有300多年历史。辰溪县志记载：古辰阳"兰陵别墅"萧氏庄园，东毗溆浦，南连怀化。"兰陵萧氏"在中国历史上的几经沉浮，至南梁时梁武帝萧衍的一支退出历史舞台的队伍南迁至辰阳，后又经历"侯景之乱"与"江陵之变"，迫使"兰陵萧氏"隐居于五溪蛮地。肖家老人说，五宝田前有五个"元宝"形的小山包而因得此名。

五宝田整个建筑布局紧凑，由老院子、兰陵别墅和耕读所三部分构成。老院子又分上四院、下四院，共"八大家"。四周修有两丈多高的用三六九砖砌成集防匪、防盗、防火功能于一体的风火墙和闸子门，回转折叠的青石板巷道通往各家各户。据说"文革"前这里四周还有寨墙和寨门，夜晚把寨门一关，再上锁，很是安全。

两次来到五宝田，每次都要在此住上一晚。这里依然延续了中国千百年来日出而作、日落而息的习惯。男人下地耕田，女人洗衣捋衫。清净古朴、绿水青山之间，好一个农耕家园的心灵栖息处。

辰溪县　五宝田村

辰溪县 五宝田村

　　五宝田各个院落的门坊很是讲究，"兰陵门第""儒学名家""庆衍兰陵"
"派演天潢"等牌匾和堂号，在这里隐隐透出一股皇族之气。在五宝田的古
巷道中穿行，可谓是巷中有巷，门里有门，纵横交衔；石门雕刻，门楣题字，
格调高雅，古色古香。

辰溪县 五宝田村

292

辰溪县 五宝田村 耕读所

　　耕读所，五宝田特有的建筑，肖氏家族秉承"耕读兴家"祖训的教习场所。肖家先祖定居于五宝田，先后在此修建了供教书育人之用的宝凤楼、花园和操场。偏房是谷仓，晒楼供农耕之用。大门横梁上有"三余余三"四字。三余，即冬者岁之余，夜者日之余，雨者晴之余也。余三，三年之耕而余一年之食，九年之耕而余三年之粮，以避饥荒。

　　这也是五宝田肖家门牌祖训，寓意深刻，提醒读书人要珍惜光阴，勤俭持家。正是秉承先祖"耕读传家"的祖训，发愤图强，才出现了晚清"兰陵别墅"有九大家首富辰溪的先例。

辰溪县 五宝田村

这里保留的都是清代至民国时期的 30 多栋民居。这些民居大多是里外木质结构，即湘西地区传统木板房吊脚楼；一小部分为外墙马头翘角的青砖灰瓦，里面是内设天井的三开间两进深挑梁式木质结构的四合院。两种不同风格的建筑在这里相融兼蓄，纵横交衔，收放有序，构成了五宝田独特的民居格局。

溆浦县 阳雀坡村

阳雀坡：桃花源里人家

穿过青翠的竹林，走过石板小路，让人仿佛到了一个真正的桃源世界。溆浦县横板桥乡一个层层叠叠的山窝里，坐落着六个单体清代院落，每个院落以土坯墙围护，均为一正二横穿斗式木结构建筑，有的是青砖青瓦，有的是泥土夯墙，这个地方叫"阳雀坡"。

有关阳雀坡的由来，源于一个美丽而神秘的传说。王家族谱记载，清乾隆年间，因相距数十里的黄茅园湾潭村年仅29岁的王守迪病故，寡妇冯娥屡受欺负，故欲携孤迁居，便请风水先生觅到此处。

这里因山高林密，适合鸟儿栖息，当地有一种叫作阳雀的鸟儿每到春天农忙季节，便在林间发出清脆悦耳的叫声。风水先生突闻阳雀欢叫，又因四周有缓坡，山水环抱，风景优美，而且这里的地势像一个平底锅一样，中间低，四面高，又像个鸟窝一般，于是取名为阳雀窝。后来认为这个名字不是很雅，改成了阳雀坡。

经过几代人的艰难耕耘，王氏后裔不断繁衍，越来越发达，先后修建了六个独家院落。第一座院落"开山祖院"，建于清乾隆十九年（1754）。第二座院落建于清嘉庆八年（1803），其他院落先后建于清嘉庆和道光年间。

走进阳雀坡，见一家训刻于古井旁："与人为善，取财有道；只许修屋，不准拆房。"还有土地堂前有一对联"土能生万物，地可发千祥"，很有意味。看来冯娥的后代始终遵循家训，他们尊重自然，一代一代耕读传家，勤勉而恭谨，人丁兴旺后，又绝不毁房重建，而是在一旁开出地基，新建一座座格局相似的院落。

这里，积淀着厚重民风民俗，有着"家庭式博物馆"的美誉。至今流传着一种最古老的、独特的草把子龙灯，一遇喜庆或逢年过节，他们就会"舞动"起来。正巧村里回来几个外地打工的年轻人，他们在一位年长者的带领下，很乐意给我们舞了几段草把子舞。

阳雀坡每个堂中有琴凳、条凳、八仙桌、太师椅等。家家堂屋都有神龛，还有地方婚俗的花灯和蚕灯，这些均被列为省级非物质文化遗产。每个院落里都有祖辈留下来的传家之宝，如青花瓷坛、雕花木床、残存家谱、"三寸金莲"等等。在这长满花草的乡野间，质朴和纯真让几百年老宅古色古香。

溆浦县 阳雀坡村

300年间，子孙绵延，院落才达到眼前如此大的规模。这六个院落依山势由下往上跟进，各院落布局结构均不相同，石材也不一样，或青砖灰瓦，或泥土夯就；或方方正正，或弧形拐角；似吊脚楼却又飞檐翘角。

阳雀坡六个院落，各个院落包括主体建筑及客厅、茶楼、粮仓、杂屋、畜舍等，功能齐全；所有房屋外墙、窗格及门额上方均有做工精美、形态各异的花鸟动物图案、彩绘。

溆浦县 阳雀坡村 "三寸金莲"

　　90 岁的徐老太太打开叠了又叠的大木箱，拿出保存了多少年的五双 "三寸金莲" 绣花鞋，其中最旧的一双，她说是祖母出嫁手上传下来的。祖母传给母亲，母亲又作为嫁妆送给了她。她说她不听话，从未裹过脚。当她抚摸那双褪了色的 "三寸金莲" 时，我看到岁月泛在她那沧桑的脸庞。

溆浦县 岩板村 崇实书院

岩板：那里有古朴色香的老院子

"看古建筑何必去远方，溆浦古宅美轮美奂。"有人这样说。还有人说，溆浦美轮美奂的古建筑在龙潭，而龙潭美轮美奂的古建筑在岩板。

龙潭是中国历史文化古镇，古建筑、古寺庙、古祠堂、古牌坊、古书院等随处可见。龙潭还是抗日战争最后一战的主战场，国民政府建有龙潭战役抗日阵亡将士陵园，拱门上的"浩气长存"和坊柱石刻楹联"养天地正气，法古今完人"均为蒋中正题。

岩板村位于龙潭镇西南角，一座有千年历史、规模宏大的古村落，村中有数十栋保存较好的古民宅，这些民宅多为风火窖子屋，二厅堂、三厅堂四合院结构，院墙高深，青砖黛瓦，麻石巷子相连，廊巷幽深，地面合用麻石平铺，且多明清时期的建筑，颇具明清遗风。漫步其间，明清的气息醇厚弥漫，让人顿感历史的厚重，恍然回到了远久的年代。

吴氏宗祠建于清道光二十年（1840），呈长方形。宗祠大门为仿牌楼式青砖建筑。其上飞檐翘角，雕龙刻凤。坊上布满彩色泥塑和壁画，泥塑动物多为龙、凤、麒、鳌之类的吉祥物。厅中部为戏台，歇山式顶脊，中置宝顶，两端饰泥塑，屋脊饰吻兽。中厅后置一阁廊，阁廊地面略高于中厅，两侧置木栏。阁廊两侧为小天井，天井两侧为厢房。后厅安置有多层供奉神主祖先的台龛。宗祠四周绕以高墙，墙面点缀泥塑、壁画、书法等。

崇实书院，又称"延陵家塾"。系吴姓人的私塾，西门仍保留有"吴氏蒙养"四字。是湖南省唯一保存完好的乡村书院，也是我国保存较完好的氏族书院之一。书院创建于清道光十四年(1834)，为中西合璧建筑，进厅庭院式砖木结构。书院前有一半月形池塘，前、后栋面阔五间，中栋面阔三间，木结构。前、中栋中以重檐歇山顶过亭相接，两侧以走马楼、雨廊与教室、斋舍相通。6个大小不同的天井与廊子、八角门结合，形成通透有趣的空间层次。

中栋明间悬清宣统元年（1909）谌白端题"大学之基"四字竹纹金匾。斋舍为砖木结构，大坡顶，拱形门窗，南面突出庑殿顶角楼，在西式建筑风格中又显示当地特色。屋面为小青瓦，悬山顶，其主体建筑及四周外墙彩绘有山水、花草及鸟禽等壁画泥塑。院门为牌坊式砖木结构，飞檐翘角，雕龙刻凤。

溆浦县　岩板村　谌家大院

溆浦县　岩板村　谌家大院

　　岩板村人多为吴姓，其次是谌姓。代表性建筑为崇实书院，吴氏和谌氏宗祠，吴氏和谌氏名宅。一座古老的风雨桥横跨溆水之上。这桥名穆公桥，由吴姓永穆于明代嘉靖年间倡建，飞檐走阁，造型典雅，距今已有四百余载，为湘西地区最早的风雨桥之一。

　　这栋谌姓大宅是岩板村以至龙潭镇最大气最经典且保存最好的建筑之一。"土改"时分给十几户人家，人民公社大食堂时能容纳 300 人吃饭。由于年代已久，未能得到保护，里面的雕龙画凤、窗花屏风木刻多已损坏，仅留一空壳。

小江：红岗寨里唐氏一脉

麻阳苗族自治县尧市乡小江村，四面环山，依山而建，北高南低，呈扇形分布。原寨的四周修有围墙，东西各有一个大门，并各设有一个主炮台，南北设有三个次炮台。寨前有一条天然的小溪，小江村因此而得名。前后有两座大山，一座叫红岗寨，一座叫笔架坡，小江村背靠笔架坡，面朝红岗寨，"笔架坡兴文，红岗寨兴武"。这样文武双全的好屋场，自然有许多的传说。

相传，唐氏先祖来到此地，请了有名的风水先生，风水先生有言在先，他说我看了此等好风水，将来自己的眼睛会瞎掉，唐氏一脉必须为他养老送终，如若不然必遭天谴。唐氏先祖信守承诺，但子孙后来对先生小有冒犯，于是，神通广大的先生做法事破坏了"龙脉"，导致此地屡屡成为兵家必争、土匪必犯之地，几经酿成红岗寨灭绝的惨剧。这些都是世代流传下来的故事。

小江村整体呈护城墙型，是一个典型的以宗祠为中心，以姓氏宗族为纽带构成的村落，由唐氏先祖从山西迁徙定居以来，经过明清两代续建而成。村寨由一条主巷道和十几条小巷组成，建筑多以土砖、青石、椿木、泥巴为建筑建材。

纵横交错的青石板巷道，住着百余户唐姓人家，据说这里最老的房子已有四百年。自明朝唐氏先祖在此修房建屋开始，现存下来20余栋民居多是清乾隆至清末的，石基土墙，砖木结构，门厅、天井、厢房、正屋、下堂屋互通一体。雕花门窗，屋顶青瓦覆盖，"几"字形屋檐，极具湘西古民居特色。

都说村头有口好井，前去一看，井的位置比村子低，低多少也曾有人算计过，刚好是十一级台阶。这个数字据说有来历、有学问。佛家信奉"轮回"，讲究"生老病死苦"，十一级台阶恰好从"生"到"苦"反复三次，起步和落脚都在一个"生"字上，寓意三生轮回，三生有幸。一口井竟承载着如此多学问，看来这古村里数百年遗留下来的点点滴滴都值得去看究。

麻阳苗族自治县 小江村

泸溪县 岩门村 康家大院

康家古堡：湘西苗疆军事遗存

当年泸溪县浦市镇有一康姓大户人家叫康廉，康廉五兄弟分家，他为了让父母安养天年，舍弃浦市康家垅房产田地，坐着小船顺着沅江边的一条小溪逆流而上，到了岩门这个地方时，只见两岸古树参天，鸟鸣猿啼，一条清流弯曲环绕，活像一条巨龙。

康廉拍手叫好，便弃舟登陆，在此落地生根。经过数代人的繁衍生息，康家在此建成了一个个巨大的宅院，而康廉也就成了康家的开山鼻祖。康家自从迁到岩门后，家族兴旺，人才辈出，先后出过几位文官武职。康氏子孙相继建院树宅，才建成了规模宏大的康家大院。康家聚落最兴盛的时候有八大院落，后来前三院落毁于兵火。

据《康氏族谱》记载，岩门康氏于明洪武元年（1368），从江西万安县迁至湖南辰溪县，后又迁至泸溪县浦市镇康家垅。明洪武三十一年（1398），康氏五兄弟分家，长子康廉带着父母移居于岩门，在此安家落户，繁衍生息。

康家古堡依山就势而建，红砂岩石墙基呈椭圆形，由墙基、红土砖墙、楼阁构成封闭的堡寨外围防御攻势，互为连通，堡寨中部以马头形风火山墙大院为核心向四周辐射，门庭院落不拘一格，形成姿态各异的空间形象和聚落景观。

康家古堡通过寨外的一条小溪连接到浦市沅水，浦市历史上是西南的交通要道。明朝朝廷不惜代价镇压湘西苗区，先后于明洪武元年（1368）至万历三十四年（1606），在苗区设立镇溪千户所，5寨，18营哨，湖广镇守总兵驻省城，驻扎官兵6000余人，形成了明王朝在湘西苗区的包抄控制局面，岩门古堡寨亦是这一格局的历史产物。

今天，战争的号角早已远去，古堡寨依然神情肃穆地耸立在这崇山峻岭之中。从高处俯瞰，尽管周边多了不少现代农舍，但古堡寨仍然能清晰地展示在其间，更像是一幅田园风景画。无人航拍机记录了从空中俯瞰康家古堡的场面。

左图为岩门康家古堡寨第一座大院。门上挂有一块导游注释牌，这样写的：康家大院坐南朝北，砖木结构，上下两层，吊脚楼形式，所砌石墙高1.3米，青石砖高8米，具有防火、防潮、防匪，冬暖夏凉的特点。解放时期，地主康升学，自幼勤奋、聪明好学、宅心仁厚、乐善好施，修葺学校，免费授学，土改时村民自发请愿，向政府求情，逃过一劫。

泸溪县 岩门村 康家大院 匾额

也许是由于湘西战事频繁，岩门古堡寨的整体设计和民宅的建筑风格都体现了以适应战事的特点，网状狭窄的巷道，高森的山墙，密集的望眼，多重的门道，还有这精致的屏风雕花。有专家说，康家古堡系湘西苗疆军事遗存的代表作，有200多年的时间是用于军事要寨而存在的。

古堡屋中还悬挂着一块精致的雕龙画虎牌匾，这块牌匾据说是道光年间一位康氏族人八十寿诞时，当地的官员送的。"寿考维祺"既是对老人寿诞的祝福，也是对康氏孝道家风的褒奖。这块牌匾成为岩门康氏廉洁与孝道家风的历史见证，其后人也将此发扬光大。

康家古堡历经数百年，最终形成一个康氏族群大院落，耐人寻味的是，康氏鼻祖来到这个荒芜之地落地生根，另立门户，何以安家立身？如何让他的这一支脉烟火相续、血脉绵延？双亲在堂，康廉自然就想到了"孝"，于是便给他的后人立下了以孝立命安身，维系家族兴旺的家规。

这栋康家大院是这样注明的：修建于永乐年间，为硬山式风火墙砖木穿斗式结构。整个古堡寨以康家大院为核心，门庭院落不拘一格，木构件醒目之处均讲究各种雕刻图案。通过浮雕、透雕、刻画等技法，彰显个性和情感精神，为军事与田园生活而合一的建筑典范。至今已经经过康、志、腾、祖、文、兴、启、茂、复，历经9代人在此生活。

泸溪县 岩门村 康家大院 窗雕

洪江市 垔上村

洪江市 垔上村 老街 古道

垔上：古道上的耕读传家

　　怀化洪江市湾溪乡垔上村，始称"鹰上"，因坐落于地形貌似飞翔的老鹰身上，后来渐渐演变成为"土盈上"或者"垔上"。站在通往垔上的山垭口望去，垔上是一个山寨村庄，更像是一个古城堡。当地人说，古城堡得以延续下来是因为背靠古佛山。古佛山又名郦梁山，因山上有古佛寺而得名。

　　真正让垔上热闹的是穿村而过的"商道"。这里位于黔阳溆浦交界之处，历史上有名的湘黔古道从此经过，上至宝庆、溆浦，下达黔阳、安江。村民依道而居，傍道而商，至今留有1500米长的青石板古商道和500米长的店铺。

　　沿着古道一边行走，只见一排木板商铺房依道而建，一栋接着一栋，坐落在古道两边。这一排商铺大约有500米左右，斑驳而陈旧的木板房散发着岁月流逝的痕迹，有的已经倾斜，商铺门前的柜台，保存完好的所剩无几，有的甚至破烂不堪，还有剁肉的案板，不知道经历过多少年的风吹日晒、砍剁锤敲，案板上留下了无数刀砍斧剁的痕迹。至今，虽经数百年，有的房屋已经破败，但围墙里仍保存十二栋明清时期的建筑、三条麻石巷道、两所供人休歇的凉亭、两座作防御之用的碉堡和三个供出入的石门。

　　古道虽已占尽了往日的荣光，繁荣不在，但古道留存的遗迹却记录了这段历史，走在古道上仍能从这条历经数百年磨砺的石板路上，想象出当年的繁华，或许还能听到脚下的每块石板所隐藏着的一个个故事和传说。

会同县 高椅村 渡口

高椅：大湘西最大的寨子

从洪江古商城往会同方向 222 省道经若水镇，不几公里就进了山里。一条弯弯曲曲的山路越爬越高，高的一段几乎是在山尖上，能将远处的连绵群山尽收眼底，冠以"中国十大历史文化名村"的高椅就坐落在一个有大山包围有河流小溪环绕的山坳里。

高椅古村形成于宋末元初，当时威远侯第三代孙杨通碧在北方一带为官，因对朝廷不满，花了五代人的心血，搬迁了六次，最后到了杨再思的第五代世孙杨盛隆、杨盛榜两位始祖在元代至大四年（1311）才找到这块风水宝地并定居下来。高椅原名渡轮田，是唐宋以前一处古渡，杨氏先祖见此三面临水，地形酷似一把高高的太师椅，改名高椅。

这里，自然环境独特且非常优美。四面群山环抱，一条"U"字形的清澈江水从村前流过，规模宏大的侗寨民居群落，一排排飞檐翘角，一栋栋高墙庭院，一条条幽深古巷，让人叹为观止。在这里穿行，脚步轻轻地从一条石板巷走到另一条石板巷，从一栋老屋走过另一栋老屋，迎面扑来的都是古民居悠远的历史气息，仿佛置身于桃花源的世界。

高椅的布局像一朵梅花，以"五通庙"为中心，呈梅花状分散开来，形成现在的五个自然群落。西面为明代中期建筑，叫"老屋街"，北面为明朝晚期建，叫"坎脚"，东面为清前期建，称"大屋巷"，南面为清中晚期建，称"田段""土寨""下寨"。

高椅人的智慧首先体现在选址上，依山傍水，峰回路转，深藏不露。并且它集窨子屋和侗族木质穿斗式结构木板屋于一村。无论从哪个角度去看，一排排一行行，高低有序。从东面看，可欣赏侗族山寨"干栏式"民居群；从西面看，可欣赏大气恢宏的窨子屋排排群落，既能领略湖湘地区经典的庭院院落，又能饱览湖南湘中双马头山墙翘角建筑。一个人与自然、建筑与环境、窨子屋与木板房刚柔共济与和谐统一的古村落。

红黑鱼塘是高椅最具代表性的建筑。鱼塘开凿于清朝嘉庆末年，左塘用来养观赏鱼，故名红鱼塘。右塘用来喂养食用鱼，故名黑鱼塘。红黑鱼塘有栋宅院，门上有一匾额"盛世鸿儒"。清嘉庆年间这个屋里的主人杨宏诩中了武秀才，于是县令送了这块大匾。

会同县 高椅村 全景

会同县 高椅村 关西门第门匾

会同县 高椅村 醉月楼

会同县 高椅村 宅院

　　高椅著名的院落有关西门第、红黑鱼塘、醉月楼、月光楼、清白堂等。这里没有商店铺号，却有"耕读文化"。醉月楼、清白堂，曾是文人学士聚会的场所。因其始祖系东汉"清廉史"杨震裔孙，为弘扬祖德，杨姓世代多在门额上题有"关西门弟""清白家声"等作为庭训，告诫后人堂堂正正做人，清清白白为官。"关西门第"两边有对联：传家诗礼声名旧，继世簪缨德泽长。

龙孔坪："七阎王"的杨家寨

从洪江托口码头过清江不出五里路，到了芷江侗族自治县冷水溪乡一个叫龙孔坪的地方。只见山窝之中有一山头突起，突起的山头上耸立着一座砖瓦木质结构的堡垒式山寨，一打听原来这里真是山寨，又称"庄园"，过去是远近闻名，现在却鲜为人知。

龙孔坪村位于芷江侗族自治县南部，与洪江市托口镇交界，是民国时芷江大财主杨子余的七个儿子的宅子。该大宅共三层，院内建筑结构严谨，特别是各种窗户雕花十分精美。当地文物部门人说，是一座建造精巧的侗族建筑，也是芷江少有的保存完好的文物。如今虽然破败，但是走在这充满故事的木板走廊上，依然能够感受到这座大宅的宏大规模和做工精巧。

《敌营十八年》《最后一战》等电视剧均在此拍摄取景，也是看中了这座大宅的不凡构造。穿过斑驳的院门，走过磨损得难以辨认花纹的石板路，打开这座尘封已久的庄园往事，仿佛穿越了时间屏障，并且能听到当年的故事。

这座庄园曾经的杨家主人，是解放前湘黔边界最大的地主之一。200多年前，杨家高祖勤于耕种，积累钱财在龙孔坪一座山头上修建了这座大宅院。传至祖父时因其早逝，靠祖母一人扛起家中的产业并日益壮大。后来杨家祖母将产业传给她的七个儿子时，已经拥有芷江、黔阳、会同及贵州天柱等地3000多亩田地，七兄弟财大气粗，雄霸一方，被称为"七阎王"。

龙孔坪庄园是一个封闭的体系，构筑了长2000多米、高3米用青砖砌的围墙，有8个大门出入。为防御土匪袭击，庄园有100多条长短枪的护院队，如今依然能够在残缺的围墙上寻找到当年与土匪交战后留下的枪眼。

杨家家大业大，七兄弟最多时雇佣长工30多人，有丫鬟、奶娘多人。其孙子辈杨德萃老人说，记得婆婆有年做寿请了唱戏班唱了十几天，餐餐流水席。85岁杨德贵10岁就到杨家放牛，他回忆杨家在当年确实很风光，连县衙都要敬畏三分。

七兄弟在风光数年后，随着芷江的解放，气运已经走到了尽头，1950年有五个人被作为地主恶霸镇压，仅老四、老六活着，曾经的富贵生活成了过眼云烟，唯有那没落的庄园依然仁立着。如今，庄园虽然破败，但依然能够感受到这座大宅的宏大规模和曾经有过的精美，以及当年的故事，等等。

芷江侗族自治县 龙孔坪村 杨家寨

芷江侗族自治县 龙孔坪村 杨家寨

　　这座庄园的历史并不长，由新、老两个院子组成。老院子大约有200年的历史，新院子于民国十六年（1937）修建，足足修了5年，其屋面硕大，立柱均是从贵州放排经清水江到托口，再由人搬运而来。修建如此规模的三层木楼实属罕见。基脚石料是青石板，青石板上有石刻雕花。楼宇几乎是栋高大的木楼，难得的是其木楼雕花工艺均采用镂空拼接式雕刻，上面的鸟兽花草和每一扇门窗都是玲珑精巧的工艺品。

　　杨家后人说，有些精致的木雕石雕，工匠们少则花了3年，多则花了10来年的时间，有的工匠雕到死。三楼的东南方向有一个圆圆的月亮门，门上的雕花更是极其的精巧，站在月亮门前可以眺望孔龙坪的远景。

中方县 荆坪村 鸟瞰

322

荆坪：舞水有灵　幽幽古宅

荆坪，中方县一个幽静的古村。从怀化去荆坪只十几公里，坐渡船过舞水上岸就是。站在码头对岸眺望，只见村口巍然耸立着一排标志性的古建筑，如潘氏祠、关圣殿、观音阁，非常醒目，很是气派。往里走，有古驿道、伏波宫、文昌阁、节孝坊、水文碑、龙凤桥、唐代古井和由一个个小院落组成的与周边山水田园相融的明清古建筑群。

荆坪历史文化非常厚重。村内曾发掘20多处旧、新石器时代古文化遗址，发现5万年前就有人在此生活，并命名为"舞水文化"。数千年前的舞水河一带，为古南蛮之地，战国时就是牂牁古国之都且兰古城，汉代为舞阳县址，唐宋为溆州城址。这里的自然风光也十分迷人，舞水河三面环抱着荆坪村，村口有一片古树，古树过去就是一大片开阔的菜地农田。

让荆坪引以为傲的是，出生在这里的潘仕权。潘仕权当过九五之尊乾隆皇帝的启蒙老师。在潘仕权故居，一个典型农家小院门前墙壁上嵌有一块石碑，有潘仕权的简介。潘仕权精象、数、音律，著有《学庸一得》等书，颇得吏部尚书赞赏，被推荐任乾隆幼师三年。

史料有载，乾隆幼时天性贪玩，深得康熙皇帝的宠爱。但弘历从小就不太喜欢读四书五经等传统八股文，皇上请了很多博学多才的翰林大学士来教他都无济于事。久而久之，弘历都不肯开口说话了，这可急煞了皇宫上下文武百官们。实在没办法，一天足智多谋的大学士纪晓岚向皇上献计，请钦天监潘仕权给弘历上课。

皇上正犹豫着想，一个钦天监有这么大的能耐吗？满朝的文武百官翰林院大学士都没有办法，难道他还有什么过人之处。纪晓岚见皇上拿不定主意又说，那就叫他先试教三天看看，如果太子爷开口说话了就继续用他，否则就把他处置了吧。皇上还是有点不放心地说，纪爱卿你看着办吧。就这样，纪晓岚亲自来到太常寺内求见潘仕权。

潘仕权对前来的纪晓岚说，我只教三年，弘历登基后准许我告老还乡。就这样，在弘历六岁时，潘仕权开始做起了太子爷弘历的启蒙太师。说来也怪，过了三天弘历真的开口说话了，而且比以前更活泼聪明。这下可把皇上高兴坏了，文武百官也对潘仕权另眼相看，但其中那些个大学士们却不很服气。潘仕权从此也履行了自己的诺言，教了弘历三年，期限满了后仍回到他的太常寺做钦天监。四十二岁那年，父亲年老去世了，潘仕权请皇上恩准其告老还乡。

因为乾隆对他这位启蒙恩师感情至深，临走前对潘仕权说，一日为师，终身为父，老师您这一走不知何时才能相见，为使恩师能荣归故里，特为恩师备了七顶官帽，随他挑一顶。潘仕权沉思许久，回答说：臣对皇上忠心耿耿，不求高官俸禄。乾隆感动之余御笔给恩师题写了一封圣谕："见官高三级。"因有皇上赐封，潘仕权回乡后，文武百官都得敬他三分，在当地的威望很高。特意在荆坪古渡码头修有一座"下马亭"，上书"文武官员至此下马"，直到解放后才被拆除。

中方县 荆坪村 贞节坊

中方县 荆坪村 古井

　　这里人都姓潘，潘氏宗祠造型典雅、装饰精巧，算得上湘西地区最漂亮的宗祠之一。宗祠大门有一阴刻石联：乾坤北合花间鸟语人丁旺，日月东升水绕山环气势雄。里面有一大戏台。戏台两边有长长的阁楼雅座，有几幅旧时的对联倒很有些味道："几辈登楼观往事，同来酌酒论前人。""动者有功问君为何在座，戏原无益看你怎样下台。"

　　荆坪节孝坊旁边有口古井，乾隆之前就已经有了。井呈圆形，直径1米，深19.5米，通体以岩石砌成，数百年来，人们从圆口中提水上来，吃水洗菜洗衣，井绳上下摩擦，花岗石圆口上勒出了三十六个半勒印，最深的10.5厘米，最浅的0.3厘米。

洪江市 古楼坪村 易氏宗祠

古楼坪："易氏在楚　辈出其间"

怀化市有两个人曾做过皇帝的老师，一位是中方县荆坪的潘仕权，教过乾隆皇帝。另一位是洪江市古楼坪的易良俶，教过道光皇帝。怀着这份好奇，从荆坪又来到了古楼坪。

古楼坪位于雪峰山的旗山脚下，前有一条小溪，上有风雨桥，名曰"接龙桥"。桥的两边有亭阁，故又称接龙亭。接龙桥建于明末，阅四百年之沧桑，素有资水溯源第一亭之称。

易氏原本姓姬。远在3000年前，周文王子姬发建周，大封功臣于天下，因地而姓。至战国初年，其后裔食采翼州东境易水，受姓为"易"。自此，中国姓氏史上始见"易氏"。易氏自宋朝以来，代有能人。古楼坪易家族谱载，易氏始迁祖子彬（1153—1233）江西吉安泰和人，宋庆元二年（1196）登进士，官居大理国中堂，诰授中宪大夫。宋嘉定十七年（1224）由太原郡迁湖南黔阳县定居。

古楼坪不大，却有三个易氏宗祠，一个总祠两个分祠。总祠始建于清乾隆十六年（1751），为湘西"第一美祠"。两厅中轴对称式，全木质穿斗式结构，共7栋单体建筑。宗祠里供奉着易氏历代祖先牌位和荣耀，其中，有易良俶匾。

嘉庆庚午科解元、嘉庆辛未科进士、甲乙连捷，诰授奉直大夫、诰封朝议大夫、入祀昭忠祠。易氏宗祠还供奉另一名人易孔昭。易孔昭为清末左宗棠爱将，曾镇守新疆、甘肃等西北地区20余年，授花翎二品顶戴、钦加盐运使衔、赐奖武银牌、例授资政大夫、赠内阁学士衔。

还有一位也颇有名气：易佩岳。清光绪十三年（1887），以太常寺典簿选用，留奉补用奉天盘山托尼府四品衔。在北京时，曾为慈禧太后书写过一副寿联："九天日月开阊阖，万国衣冠拜冕旒。"以其字文并茂，书法超群而名扬京师。

牌位间还列有数十位易氏名人，真可谓易氏家族地位显赫，人才辈出，验证了左宗棠在黔阳易氏四修族谱时的题赠："易氏在楚，推望族，黔阳尤大，代有积学励行之士辈出其间。"

仅有一颗牙的老人金凤贞，103岁。我给她拍照，她亲手给我烤糍粑，走时还往我摄影包里硬塞上几个。这是2010年3月的事，两年后我再次去古楼坪，这位老人仍然健在。老人不仅能够自理，而且还健谈，尤其是笑起来的时候，那唯一的一颗门牙似乎让这位世纪老人笑出了世纪的欢乐。

洪江市　古楼坪村　接龙桥

洪江市 古楼坪村 金凤贞老人（103 岁，2010 年摄）

中方县黄溪村 鸟瞰

黄溪：好一个山水田园间的杨府

黄溪，当地语音读"黄妻"。南宋末年，有一位名叫杨进才的中年男子，携带妻室儿女在中方县铜湾黄溪安家落户。当时此地荒无人烟，但依居白岩青山脚下，风水很好。杨才进是东汉名镇关西的太尉杨震的后裔。杨才进妻子黄氏勤劳质朴，含辛茹苦，教子有方，将子女一个个培养成人。长子杨文秀中进士，官任知县。为颂扬和纪念黄氏，故将白岩改名为黄溪，取"黄妻"的谐音，沿用至今。

无人机从高处俯瞰，山川、河流、田野间，好一个世代杨府。顺着青石板巷道往里行走，井字排列的窨子屋，高墙飞檐，一栋挨着一栋，四合院落一个接着一个，并一个比一个气派。在这三个自然村中，大院子规模最大，号称"横五竖七条弄"，东南西北设四道大门，内弄要卡有小大门，还有古庙、库铺、客栈、茶馆、作坊、学堂等。

从南宋至明末清初，这里人才辈出，故这里窨子屋的主人多为豪族显贵的明清、民国期间的进士、太学生、秀才、监生和官吏等，以军功举拔于朝廷，以科考步入宦海者众多，有官至行省参知政事、兵部侍郎、国子祭酒（国子监的主管官）等文官武将。据说，当时黄溪四周道路上都设有"下马岩""拴马桩"，凡进出路过黄溪的官吏，在下马石以内要步行，即"文官要落轿，武官要下马"。

铜湾黄溪地域偏僻，为什么这里拥有如此众多的古民居群建筑？

中方县 黄溪村 前国家主席杨尚昆祖屋

原来，黄溪头枕铜湾大河，直通沅江，有通江达海之利，再加上黄溪四周峡谷青峰叠绿，瀑布群景色壮观，才引得东汉太尉杨震后裔看上了这块风水宝地，经数百年耕耘，方形成规模盛大的古民居群。

走进黄溪，历史文化很是丰富，许多大宅院有门头题字且品位极高。大门题头有"四知堂""清白家风""宏农衍庆""关西别墅"等，经典的楹联如"读圣贤书，明君子理""耕读继世，勤俭持家""入孝出第，修身齐家"等等，彰显出黄溪一脉的豪族显贵与传统文化在这片土地的渗润。

黄溪之初只有一个院子，后来发展成由大院子、黄溪园、新屋场三个自然村，统称杨家大院。有窨子屋 160 多栋，占地面积 3 万多平方米。600 多户、2000 多人的杨家屋场，算得上湘西地区保存较为完整的明清古民居建筑群，前国家主席杨尚昆的祖辈也曾居住于此。杨尚昆的祖辈杨通辉死后葬于黄溪祖山坪。杨通辉卒七年后，37 岁的杨光基为开拓新的基业，便将此宅售出作盘缠，携妻儿于清康熙三十五年（1696）由黄溪远迁四川蓬溪县东之姬坝安家落户。

我特地走进前国家主席杨尚昆的祖屋杨家大院。杨家族谱记载，杨尚昆其七代祖杨光基之父杨通辉官四川，致仕回故居修建此居。黄溪的杨府始建于清康熙四年（1665），坐北朝南，六进二层，八字大门上写着"祥呈钟堂"四个大字，"耕读继世""勤俭持家"的家训分列在大门左右两边，气势威严，可见杨府在当时就算得上一大户人家。

中方县 黄溪村 巷道

中方县 黄溪村 匾额

　　黄溪的窨子屋多为三开间三进深穿斗式结构建筑，分两进两屋或六进两屋，屋内设天井、中堂、茶堂、正房、厢房。主大门皆八字大门，清代和民国时期的门匾、楹联、壁画、石刻石雕、门窗木雕，随处可见。重耕读、讲礼仪的传统民风与家风在这里得以尽现。

　　黄溪的窨子屋保存比较完整，面积约35300平方米，算得上是国内目前规模最大、保存较完整的明末清初期的古民建筑群之一。2006年公布为湖南省省级文物保护单位。

沅陵县 白岩界 王家大院

白岩界："湘西第一大院"

　　沅陵县白田乡岩界村，有一座被称为"湘西第一大院"的王家大院。第一次去王家大院是2010年，从沅陵县城出发顺着西北方向的山路一路攀行20公里，到了一座山梁上，从高高的山梁往下看，层层叠叠的梯田弯曲漫延着，王家大院就掩藏在这山窝间，四周被参天的古树包围着。不一会，一座山寨展现在眼前，山寨之中有一棵高高的大树，大树枝头有一个很大的喜鹊窝，我想，这应该就是要找的王家大院了。

　　王家大院位于半山腰间，从山梁到山腰有1公里路的石板路，走近王家大院，见有一高墙，这高墙是用巨块红石砌就的，足足200米长。王家大院酷似一座历经数百年尘封了的古城堡。大院的主人叫王百万，是当地有名的大财主。他不仅仅是善于敛财，而且经常架桥修路，粥济乡民，做善事，当时又被称为"百万善人"。

　　这座建于清代中晚期的大院坐北朝南，整个建筑由石头城墙围绕，四周高的围墙有五个出入大门，里面有四组天井四合院组成的房屋，全穿斗式木结构的四合院，均分前后两进，有屏风相隔；两边是厢房，有镂花门窗；天井由巨大方块红石铺成，宽阔空旷。

　　木屋与木屋之间均由飞檐翘角的砖墙恰到好处隔开。远望那翘角风火墙，好像一只展翅欲飞的白鹤。屋檐上的沟头和滴水都是采用超规格琉璃饰件，这在中国古代民居中亦属罕见。

　　大院无论门屋、厅堂、正房还是檐下，都是各种寓意不同的雕塑图案，鬼斧神功随处可见。飞檐、门楣、楹柱、照壁，马头墙装饰的鳌头、格窗雕花，以及石阶、石础、石柱等，都布满了各样的雕刻绘画图案，四合院后面有木板屋、吊脚楼、绣花楼和花园、菜园等。王家大院共有各种房屋200多间，东西厢房就有58间。

　　王家大院整座大院几乎是巨石垒成，所有房屋的基座均用条石，所有的大门均为石库门，且门上都有题字。有的虽然被破坏，但有些字迹仍可辨认。西头有一门刻保存完好，两边门联："读孔书和平为贵，耕尧田忍让且先。"门头题："奠厥攸居。"

　　1934年贺龙率红二方面军1000多人曾经住在这里达三个月之久。贺龙与王百万还结为"老庚"。解放后，这里先后是人民公社和学校所在地。

　　20世纪"文革"时的标语随处可见。靠东边的这栋大宅是王家大院最为气派保存最好的，"伟大的中国共产党万岁！伟大的领袖毛主席万岁！"的红色标语，仿佛是昨天才写上去的，其实也经历了半个多世纪。

沅陵县 白岩界村 王家大院

这些房屋既有湘西传统建筑的风格，又有江南马头翘角建筑元素，更加融入了沅水流域窨子屋方方正正围成"一颗印"、铁桶一般四面高墙的特质。

山门高啄，飞檐临空，高梁楼宇，大气磅礴。有人说，洪江古商城那高大的风火墙是为了防止深闺中的女人红杏出墙。我想，这里的高墙大院应该是与湘西多匪患有关。

沅陵县 白岩界村 王家大院 木雕窗花

沅陵县 白岩界村 王家大院 石刻

沅陵县 白岩界村 王家大院

　　和许多的湘西大宅一样，王家大院日渐荒芜，不少房舍仅留下一个空壳，偌大一个大院只住有三户人家，也都是些老人。左图这老太太叫黄幺妹，88岁，她说在这里住了80年，8岁来这里当童养媳，外面的世界几乎全然不知，终日守候在这宅院里。2012年我再次去时，老人已经过世。

明中：浑然天成的湘西风景画

　　沅陵县荔溪乡的一个山谷里，有个明中村，坐落着夏氏和戴氏两姓两组、上下两片山寨式古民居建筑群。看得出，这里的祖人是颇讲究风水的。两组古老院落都建于山涧溪流两侧，一条潺潺小溪绕着老屋的墙脚缓缓流过，幽幽古井沿溪而建。

　　这里民居大部分是高墙深院的窨子屋，也有一部分木板房在其间。一问才知道，他们均属于苗族，他们身上虽然看不出苗族的打扮，那些传统木板房却透出苗族遗风，窨子屋与苗人居住的传统木板屋在这里和谐相处、相得益彰。

　　跨过溪流，走进前面第一栋老屋。这是夏家窨子屋中最大的一栋。内有天井、堂屋和厢房，恰似一个个封闭的私密空间。青砖砌成的窨子屋，看似四壁无窗，"回"字形院落，屋顶从四周成比例向中心低斜成小方形天井，用以通风采光。

　　屋里渐渐少了居住人家，有的已经坍塌、荒芜，有一栋前厅已经垮塌，破碎的瓦砾和梁柱铺满了天井，一幅清嘉庆年间的匾额倒在欲断的木柱旁，看着有些凄凉。

　　戴家与夏家地理位置有着明显的不同，夏家是在两山之间狭长的山谷里，戴家虽然也是在山脚下，但前面有一片开阔田园。窨子屋成片集中于村的前面，后面是木板房，属于典型的苗家民居建筑。

　　过了溪边的石拱桥，踏着石板路，到了各家各院。每个院落根据房屋的形状均建有不规则的天井四合院，屋与屋之间由砖墙恰到好处地隔开，有的前后之间设天井，东西设厢房。寨子里的古建筑都是石头城墙相围而成的窨子屋，有专家称，明中村的窨子屋是湘西较为典型的窨子屋。

　　整个戴家过去修有石头构筑的防护围墙，如今在靠山一面还残存百余米。围墙内现存较好的九栋窨子屋，每栋的大门均为石库门，石门上方和两边均刻有雕花和吉祥文字，如"注礼名家""震宅宏基""大哉乾元"等，彰显着屋主人推崇的民族传统文化。居住在此的村民依然保持着淳朴的民风。

沅陵县 明中村

沅陵县明中村 夏家大院

　　一条溪流是从山涧下来，流到夏家大院，两排窨子屋夏家老宅分别建于两山之间的峡谷里，从山口顺着溪流往里延伸，一栋紧挨着一栋。这种"口袋式"院落，寓聚宝盆之意。溪边是两眼古井，石板路随着溪流高低错落，二十几户人家就掩映在其间。

　　这些建筑布局严谨，做工考究，特别是穿斗式梁架上雕刻装饰及图腾崇拜刻纹，尤显湘西古民居建筑特色。檐柱、金柱、天井，屋檐上的勾头和滴水琉璃饰件，留有诸多的原始湘西风格的建筑元素，也有湘中湘南地区建筑的遗风。

　　戴家和夏家民居多建于清朝中期，窨子屋外墙是风火高墙，很是气派。里屋是木质结构，即挑梁穿斗式木结构，面阔三间，进深二到三间不等，小青瓦盖面。窨子屋在前面，木屋靠后，两种构造、两种材质建造两种不同类型的建筑，而且形成较大规模，这在湘西的村落中也少见。

　　几百年过去了，那一扇扇铁门虽然已经褪去了光泽，匾额与窗棂已经腐朽，牵牛耕地的人亦越来越少，但被岁月冲刷过的老宅仍然能够看到她的历史印痕。从那些断墙残壁里，依然可以感受到这些窨子屋的不凡风采。

　　秋日里的银杏，落满了整个院落，满地金黄，让这山谷里的古老人家透出迷人的色彩，与老屋构成一幅浑然天成的湘西风景画。

沅陵县 明中村 戴家大院

戴家大院大门石刻：曲台式训。左：门无雅宾，子猷友属。秋至菊黄，春来柳绿。一经教读，一犁雨足。烟火神仙，山林醇俗。竹溪逸士。右：家宝不贪，门庭□穆。座中佳士，左右修竹。凤有高梧，鹤栖乔木。德门衍庆，于公之屋。云谷山人。有的已经模糊不清。

344

沅陵县 明中村 戴家大院

　　与夏家的院落相比，戴家的院落明显多了许多，有三十多栋窨子屋和
木板屋，六十几户人家。这里高墙环绕，檐牙高翘，洒落于房舍间的古银杏
和位于山坡上的古枫树，给两座大院染上了油画般的彩色。

麻阳苗族自治县 豪侠坪村

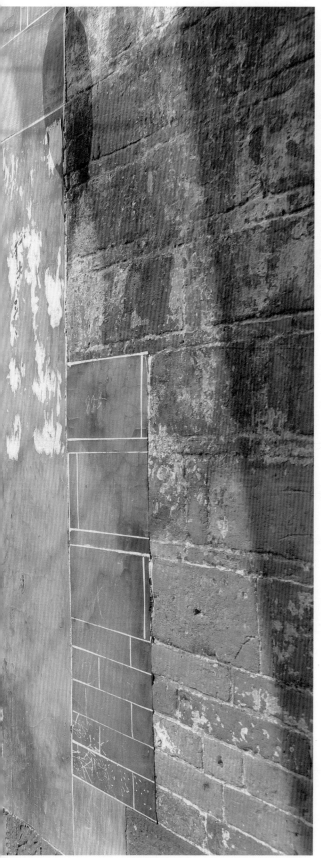

麻阳苗族自治县 豪侠坪村 鸟瞰

豪侠坪：豪侠仗义 豪门之后

　　麻阳苗族自治县大桥江乡豪侠坪原名曹家坪，原本为江、曹两姓人家居住地，龙姓人家势单力薄，住在小溪边的老屋坊。

　　据传，有一江姓富户，家有千亩田地，得意之时请了一位先生书写一副对联："面对东山狮子把水口，背靠南岭龙凤掌乾坤。"这位先生见其气派太大，便给加了"未必其然"横批。自此以后，江、曹二姓家道衰落。日子一久，龙姓取代了江曹二姓，龙姓随之迁移到曹家坪。龙姓发达之后，有位叫龙植三的人，此人曾是清朝光绪年间拔贡，便召集各家各户欲改村名。他说我们龙姓向有豪侠仗义之气，于是将曹家坪改为豪侠坪。

　　一个古老的传说，让豪侠坪村多了几分传奇。有风水先生讲，豪侠坪是块风水宝地，周围是山，形如"五龙窜槽"，"腰带水"从村前绕过，状似玉带，似乎是上天赐给龙姓的厚礼。果然，龙姓搬到这块背靠青山、三面绕水的风水宝地以后，可谓家家大发，人丁兴旺。

　　鸟瞰豪侠坪，环村五座青山形似蛟龙。聚族而居的龙姓，对这方与"龙"结缘的风水宝地无疑珍爱有加。豪侠坪鼎盛是清乾隆、嘉庆时期，出过18户大户人家和举人、翰林等文官武将。文官有清朝时期的龙宗经、龙祖芳两位翰林、秀才，武官有龙达三、龙元魁两位举人。更有龙伯亮兄弟第一文一武，都在朝廷做了大官。

　　这里有着传奇色彩的一家。拔贡龙植三，后来曾任省参议，颇有意思的是他的六子一女都是麻阳境内声名赫赫的人物。大儿子龙翔，外号龙飞天，一位充满传奇色彩、有争议的江湖人物。次子龙矞，在国民党军队任过团长。三子龙翊，毕业黄埔军校，任过师长，在淮海战役中被俘，后留用解放军部队担任军事教官。四子龙擢，中共党员，从事左翼文艺工作，参加反对国民党文化围剿斗争，23岁就义于杭州陆军监狱。六子龙辉，一名德教双馨的人民教师。女儿龙淑，麻阳第一位中共党员，和毛主席的爱人杨开慧同学并一起积极参与爱国运动。她的丈夫陈佑魁1921年经毛泽东介绍加入中国共产党，先后任过中共湖南省委宣传部部长、组织部部长和湘南特委书记。

347

麻阳苗族自治县 豪侠坪 门头石刻

听着这一家的故事，有人说这就是一部家族史书，一部中国活电影剧本。时光匆匆流逝，人们都过于追求灯光绚丽的大都市，而忘记了回归乡村的美好了……

豪侠坪其实为一寨堡，有东南西北四大城门和城墙、碉楼。现存寨门，门高三丈，为叠檐牌楼式构造。这里的建筑多建于清代，为砖木结构、风火鳌头的窨子屋。豪侠坪有人居住的历史已有1000多年了。千百年来，豪侠坪人在这里躬耕细读，繁衍生息。豪侠坪最古的民居距今约700百年，宅门上题"科名世兆"门槛，为龙姓先祖科举获功名后，自"老屋场"移居豪家坪时所建。

麻阳苗族自治县 豪侠坪 门头石刻

　　武陵世第在湘西不少大户人家有这样的门头题字，多为龙姓人的堂号，意思大概是这家人的先祖曾经居住在武陵，以此为堂号有不忘先祖的意思。武陵，郡名，西汉高祖时改黔中郡为武陵郡，指常德地区。世第是指门第，居所。

　　豪侠坪均为龙姓人家，自然不少门题落有"武陵世第"的石刻。让世人感叹的是豪侠坪保留了大量颇有书香气息的庭院门楹石刻，且多是警世劝喻和族训的内容，如"敦厚周慎""著史名宗""纳言宗风""伯高家风""积厚流光""友如己齐""科名世兆"，诸如此类，还有"武陵世第""吟沙世第"之类追踪溯源的门楹，彰显出龙氏处世持家的高远与修养。

怀化市 洪江古商城 留园

洪江："中国第一古商城"

2006 年第一次来洪江。外围的洪江与中国许许多多小城并无二样。商铺林立，车水马龙，满街的广告与喧哗，千篇一律的"火柴式"建筑。然而，当踏进那阴暗潮湿的石板小巷，仰望那深度剥落了的高墙窨子屋，立马感觉时光倒流，仿佛到了另一个世界，一个被尘封了的世界。

那时的洪江还没有"古商城"的提法，但感觉它确有豪门、商贾之气，亦不像山西平遥古城和那里的晋商大院，与古徽州那些颇有江南水性的徽派建筑也不同。洪江是有着鲜明湖湘地域特色却又远胜于晋商和徽商的古商城，它的"商"韵是渗到窨子屋建筑骨子里的。

这座坐落在沅水与巫水的汇合处，起源于春秋，成形于盛唐，鼎盛于明清的古商城，由于其地理位置的特殊，自古就是繁荣的商埠之地。它以集散桐油、木材、白蜡、鸦片而闻名，到明清时期已经发展成为烟火万家的巨镇，云集了商铺、钱庄、豪宅、会馆、烟馆、青楼等 380 余栋明清时期的窨子屋，形成了规模宏大的"窨子屋建筑群"，构成了"七冲、八巷、九条街"洪江古商城的最后格局。

留园是洪江首富刘歧山的别墅，洪江最大的窨子屋，占地约 13000 平方米，当时造价在 10 万银圆以上。只是现在的留园建筑群仅剩下五分之三：墨庄与隐居自乐。据说当年的留园除主体建筑五座窨子屋外，还有两栋木质吊脚楼、一座花园。留园仅仅是刘歧山财富的冰山一角，他的曾祖父在洪江修建的窨子屋就有 50 多栋，留园只是一处，与留园齐名的花园式别墅还有翠园、集园等。

陈荣信商行，洪江最大的窨子屋商行。建于清道光二年（1822），建筑格局与样式完全遵循中国道教阴阳风水理念，所有门楣都镌有"太极八卦"图，以镇邪祈福。整个建筑内部呈现出独特的"S"形，谓之血脉贯通，风水流畅无阻。走进陈荣信商行，清扬州八怪郑板桥手迹"吃亏是福"的匾额高挂在太平缸上方的粉白灰墙上，属陈荣信商行一宝。民国初年，陈荣信把扩建的这套客房赠送给了他的管家郑煊。据说郑煊在洪江做生意血本无归回到老家，发现郑板桥写给祖上的"吃亏是福"真迹，便带着"杀回"洪江，后来果然生意兴旺。

常德会馆，洪江的 29 大会馆之一。传说常德会馆曾有一段不凡的来历。清末时一穷困潦倒的四川籍秀才来到洪江谋生，常德汉戏班堂主收留了这个手不能提、肩不能挑、又生了重病的秀才。秀才病好后，进京考上了状元，当了官，发了财。回到洪江修了一个四川会馆，以报祖恩；再修了一个常德会馆，以报知遇之恩。这两个会馆至今仍完整地伫立在洪江古商城。

走着走着竟留意起古商城大门上的那些楹联。盛丰钱庄："算分毫算公平何须再算，存诚意存信用放心来存。"汛把总署："片言九鼎威信源于清正，一公百服声望始于廉明。"荷风院："迎送远近通达道，进退迟速逍遥。"绍兴班："问生意如何打得开收得拢，看世情怎样醒得少醉得多。"其中多多少少有点借古识今的味道。

怀化市 洪江古商城

　　今天的商城里，依旧有随处可见气势逼人的高墙大院，每座高墙深院仿佛是一独立王国，防火防盗防红杏出墙，正是当年洪江寸土寸金和豪门大户人讲求安全的写照，这就是洪江特有的窨子屋建筑。

　　洪江古商城蕴藏着金钱，蕴藏着豪气，蕴藏着贸易吞吐的海量和商场运筹的气度，也蕴藏着风月情怀，往日里的夜夜笙歌，情桃夜色的风情并不比秦淮河飘满脂粉香的风情逊色。若触摸屋内的木门和格窗花，仿佛板缝里还依稀存着数百年来未曾散尽的锈迹和桐油味。曾经流金淌银的商城，霸气似乎还在空气中随处飘荡。

怀化市 洪江古商城

354

怀化市 洪江古商城

　　沿着小巷拾级而上，独行在曲折悠长的青石巷，巷中大红灯笼高挂，灯笼上有大大的"商"字，门庭之上有"某某会馆"的匾额。会馆已是洪江人的住家。依山就势，临江而立，斗拱造型的窨子屋不仅恢宏大气，且构建实用。老青砖砌成的风火墙，再涂以石灰砂浆，经过岁月的打磨，更显古朴与厚重。

怀化市 洪江古商城 厘金局

如今，睿智的洪江人用自己独特的方式重现当年一些情景，让人们有了穿越历史之感：始建于清咸丰五年（1855）的厘金局，有清兵装扮的演员重现出入场景；建于清雍正六年（1728）的汛把总署，当年的"把总碰钦差"重演给游人观赏；始建于清乾隆四十二年（1777）的忠义镖局里，有威武的镖师上演的功夫秀；民居老人，穿着昔日的着装诉说着古商城远去的时光。

怀化市 洪江古商城

　　洪江古建筑既根植于沅水这片土壤，保持着传统又兼收外域建筑元素，其建筑格局与功用均具有明显的商业特性，又兼顾住家的双重作用，正是这种独具一格的商业特性成就了洪江古商城。漫步于商城，有一种令你屏住呼吸的古朴美，像走在一幅绮丽的画卷之中，从岁月的尽头，穿过尘世的喧嚣，蜿蜒着慢慢地延展于眼前，曲折、变幻且炫目，每弯过一处，总有什么在转角处等你，等你那一见后的惊喜。

怀化市 洪江古商城 赵老太太

坐在门前的这位白发老人和斑驳的粉墙，很能让人想起"白头宫女在，闲坐说玄宗"的感叹，不免有时空混乱的感觉。老人姓赵，89岁，她端详地坐在自家门口，平静地看着商城里的会馆、钱庄、客栈、青楼，似乎还记得这窨子屋里曾经演绎过的或波诡云谲或云淡风轻或儿女情长或温柔缱绻的故事。

黔城：一个静得让人心醉的地方

　　唐代大诗人王昌龄"一片冰心在玉壶"的著名诗句，把我带到了黔阳古城。这是一座有着 2200 年历史的古城，秦时属黔中郡地，汉高祖五年（前 202）始建镡成县，隶属武陵郡。东晋时为阳县治，唐代孜为龙标县，宋代置黔阳县。从建造历史看，黔城比凤凰古城早 900 年。

　　这里是唐代"诗家天子"王昌龄的谪贬地。"一片冰心在玉壶"的经典诗句就是王昌龄写就于芙蓉楼前。芙蓉楼就坐落在西城门外，据传，唐天宝七年（748），53 岁的王昌龄因"恃才傲物，不护细行"之罪，被贬为龙标（黔阳）尉后，曾建芙蓉楼，为饮酒赋诗、宴宾送客之地。后荒芜，于清嘉庆二十年（1815）重建，清道光十九年（1839）重修。正面三间，重檐歇山顶，二层有明轩可供远眺。周围有冰心玉壶亭、耸翠楼、半月亭等古迹，芙蓉楼有"楚南上游第一胜迹"之誉。

　　古城历史城区总面积 0.8 平方公里，城内青石街巷纵横交错，明清建筑比比皆是。原有五个城门今尚存四门遗址，其中西门又称中正门，其城门及门楼保存完好，门上"中正门"三字系民国时期戴笠所书。

　　这里过街拱门层叠，巷子曲里拐弯，窨子屋幽深幽远，风火墙、屋檐角、木窗户、柜台子，似乎都记载着这座古城年代的久远。滑湿的青石板路，布满青苔的高墙，斑驳乌黑的木门，数百年时光打磨出的印痕，触手可及。黔阳古城形成了独特的建筑艺术风格。古城以明清建筑为主调，就地取材，大量使用红砂石、青石板、小青瓦、杉木、石片等，并有机融合了本地侗族、苗族建筑特色。尤其是"回"形窨子屋沿江而立，按井字形排列，结构严谨，走势有序，高处鸟瞰，可谓是巧夺天工。

　　"逸园"，即张家老宅，黔城颇具代表性建筑。从"元宝"铺就的地面砖走进传统中式厅堂，高悬的"三堂会""百忍堂"匾牌，一看就知道不是一般人家。清乾隆年间，张家先辈张家辉在此读书，考中举人后进京为官，升为大学士。清嘉庆二十三年（1818）告老还乡，重修此屋，并亲笔写"百忍堂"匾额，以告后人。

　　这里的窨子屋都带有太多的厚重，每一栋都有一段变迁史。刘家窨子屋两进 24 间，中堂、厢房、天井，典型的湘西地方特色建筑。黄忠浩（1859—1911）窨子屋。黄早年随张之洞镇守武汉，举办实业，后为镇总兵，湖南著名的晚清名臣，其故居为典型的窨子屋格局，中为甬道，两边为厢房。王有为（1520—1593）窨子屋。王系明代进士，曾官至按察使司，其故居是明嘉靖四十四年（1565）修建的，是湖南省现在唯一的抬梁式官宦民居。

　　倾听老宅里的故事，你会被他们祖辈的创业史所深深打动。从这里走出去的还有世界船王董浩云，近代商界精英刘鸿生，政界名人安子介，还有辛亥革命先烈……

怀化市 黔城 西城门

怀化市 黔城 俯瞰

　　这是一座与洪江古商城的商味不同，可与凤凰媲美的古城。三面环水，是湘楚苗地边陲重镇，素有"滇黔门户"和"湘西第一古镇"之称。

　　凤凰一条沱江穿城而过，黔阳则是青水与舞水两条江水在此环绕汇合；洪江有窨子屋，这里也有，九街十八巷，四合院、别墅、会馆、吊脚楼，黔城亦比比皆是：南正街的商业店铺，北正街的庙宇殿堂，上河街、下河街的会馆码头，西正街的富商大贾大宅，王家大屋，雷山别墅，刘家、朱家、黄家、孙家窨子屋等 10 几处官宦大宅，一家胜比一家。

　　外围是老青砖砌成的风火墙，墙内是木质结构的两层或三层四合院，结构紧凑，冬暖夏凉，形似徽派建筑，但比徽派建筑高大霸气。或许是当年的主人讲究财不外流、"四水归堂"，故巧妙地让青瓦屋顶从四围成比例地向内中心低斜，露出小方形天井，吸纳阳光和空气。

　　街道两旁的窨子屋，屋檐口一律是卷棚式模样，二楼伸出饰檐一色万字格窗子，全用木棍朝外撑开，让人恍如置身古老岁月，感受岁月的舒缓散漫。

怀化市 黔城 中山街

364

怀化市 黔城 老街理发店

怀化市 黔城 老街

365

怀化市 黔城 老街（拍摄电影场景）

　　第一次踏进黔城，我甚至还来不及好好看一眼它，就迫不及待地一头扎进条条巷子。随便钻进一条巷子，就如同走进了历史，随便踏过一家门槛，犹如踏进了悠悠岁月。"九街十八巷"的黔阳古城，有以商业店铺为主的南正街；以富商大贾住宅为主的西正街；以庙宇殿堂为主的北正街；以会馆码头为主的上河街、下河街等。此外还有，县衙、书院、文庙、武祠遗址、古客栈、亭台楼阁、祠堂戏院等。窨子屋均正对街巷，它们或坐于深巷，或立于江畔，飞檐卷垛，朱栏白墙；或居家，或经商，总是那么精致淡雅，清秀宜人。

　　雨天里漫步黔城老街，戴望舒的《雨巷》便在脑中浮现：从那悠长的街巷中隐隐约约传来一阵笃笃作响的声音，那是从深宅大院里走出，撑着油纸伞，散发着丁香一样芬芳的姑娘。

怀化市 黔城 民宅

漫步黔阳，也许会立马让你的匆匆脚步慢下来，这里也袭用浅斟慢饮的习惯，品茶、喝酒、打纸牌、搓麻将，理发、打铁、斗鸡，常常会吸人驻足。如果说洪江古商城的建筑反映商人的豪阔与霸气，那么黔阳的建筑则透出平民居家的安稳与雅气，人们乐于在自家门前舒缓静谧的节奏和享受生活的消遣。

踏上老街的石板路，便一脚踏进历史的记忆。走着走着，一不小心就扎进了某户人家里，而每一户人家都盛装了几百年的岁月和风雨。这里不像凤凰，城里没有酒店，没有家庭旅馆，夜晚时分除了主要的巷道有夜市摊点，见不到酒吧和夜生活的场景。若是寻找清净，这里倒是不错的所在。坐在幽深的城池里，慢慢品一杯普洱茶，与三五好友把盏闲聊，算得上再清雅不过的了。

泸溪县 浦市镇 沅水码头

浦市：窨子屋里的大户人家

浦市，一个"日出千根桅，日落万盏灯"的地方。曾经的"富豪"聚集之地，每个窨子屋的院落仿佛都堆满了自己的故事。一个因军事而立、因商业而兴的古镇。早在汉代，伏波将军马援就曾在这一带征讨"南蛮"；南宋中期浦市作为军队集聚地正式确立军事机构。明清之际，这里更成为重要的军事战备要点。

浦市位于泸溪县境内沅水河畔，与龙山里耶、花垣茶峒、永顺王村属沅水四大古镇之一，并冠以"湘西四大古镇之首"的美誉。传说浦市有贵族身份。上古时期，前辛氏皇帝女儿远嫁浦市铁柱潭，与盘瓠结为连理，生下六个子女，后来辛女化作奇峰"辛女岩"，盘瓠化为白龙，不肯离去。美丽的传说，传说浦市的人们都是辛女和盘瓠的后代子孙。

浦市，湘西边陲一个安静祥和的小镇，在连绵不息的沅江旁笑看繁荣与喧嚣的不断逝去，历尽沧桑岁月，依然保存着自己特有的生活方式。有位浦市老人说过一句话："浦市就是一壶米酒，初来乍到，很难为之所动。但若长居，必会醉的，醉得你就像踏着了前世的烟尘。"

浦市古镇有古城墙、万寿宫、李家书院、青莲世第、周家大院、吉家大院、吉家三重院、万荷园和国民党陆军监狱等等，这些都能让人驻足流连。浦市老街中还有几条清静的无人打搅的古巷。那墙上深绿的青苔，倾斜的老木房，褪了色的木格窗子，会让人痴迷寂然，静静回味那些听过或者是在书籍里看过这未被遗忘的浦市尘往故事。

自明清时期至民国年间，浦市这个不足两平方公里的古镇有 3 条商贸街、45 条巷弄、13 省会馆和 200 多栋窨子屋，仅"三井三厅"的窨子屋就有 124 幢之多。此外，沅江边最繁荣的时候有 24 个码头，90 多个作坊，72 座寺庙……江边樯橹云集，街上商贾穿梭，称得上昔日的"富豪"之地了。

据载：浦市历史上有过两段最繁荣的历史：一次是在清乾隆至咸丰百余年间："沅陵西南境有浦市，两岸之间，烟火万家，商贾辐辏，舟楫络绎……莫不以时云集于此。"另一次是民国时期：湖南省银行、国民党陆军军人监狱、省立高等纷纷迁入浦市。浦市如战时重庆，一飞冲顶，无尽繁华。抗日战争时期，国民党定都南京又迁重庆，西部的浦市也就是从那个时候开始号称"小南京"。

一条条老街穿镇而过，一块块青石板刻下了几百年来曾经拥有过的荣耀和繁荣。来到浦市，感觉就不同了，一种难以言状的厚重会沉甸甸地袭来，会使你不由自主地放慢脚步，细细品味这里的街道巷弄，尤其是气势非凡的窨子屋。这是一个称得上有故事的古镇。一栋栋窨子屋，每一栋窨子屋里都有着传奇的故事，其中吉家属首富，素有北"乔家大院"，南"吉家大院"之美誉，占据了浦市的半壁江山，窨子屋自然是修建最气派的了。

"女人喝酒，男人喝茶"是浦市人特有的习俗。这里的茶馆从明清一直延续至今，古时浦市的茶馆多达四十家，当地人延续了古人闲适、安逸乐道的生活。有种说法，要了解湘西，请从浦市开始。沈从文有篇专门写浦市的散文《泸溪•浦市•箱子岩》。

几条清静的无人打搅的巷，那墙上深绿的青苔，倾斜的老木房，褪了色的木格窗子，会让人痴迷寂然。光亮的红石路，依稀当年迎来送往，商贾骈集；斑驳的粉砖墙，仿佛昔日聚散盈虚，帆樯云聚；而鳞次栉比的窨子屋，如古老书页，一一讲述着关于财富的演义与想象。

　　这是浦市有名的吉家大院。据传，吉家祖人吉大绪是山西太原大树村人，明朝晚年官至太守，辞官后远赴湘西，落脚于浦市以经商为业，从买卖桐油、食盐、木材起家，字号"吉元记"。积累大量财富之后，在浦市买田圈地并修建豪宅。

　　"田联大院三座半，门望三千八百担"，这幅吉家大院门前的对联正是百年前吉家兴旺之态的写照。四周高墙围起来的三座大宅，其规模和恢宏程度堪比山西的"乔家大院"，并且就建在自家门口广阔的田园边，将百顷良田尽收眼底。

泸溪县 浦市镇 吉家大院

泸溪县 浦市镇 吉家大院 窗花木雕

泸溪县 浦市镇 吉家大院

　　浦市吉家大院均为"八字"开门，屋内由"三井三堂十二房"构成，三个大院分别由其三子居住，按其家室辈分依次居住于两面厢房。每个院落均有一个大天井，两边梁柱、门窗、屏风有图案修饰，雕龙刻凤，《梁祝》《天仙配》《蚌壳灯》等一个个美丽传说故事，入木三分，精致细腻。

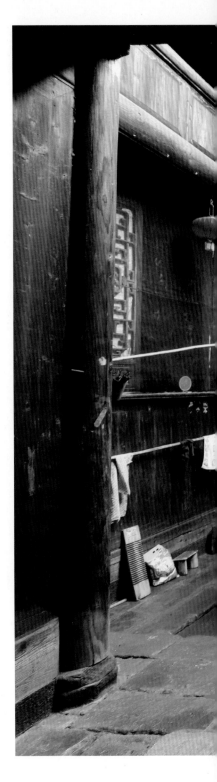

泸溪县 浦市镇 李家大院

泸溪县 浦市镇 吉家大院

在历史的长河中，浦市曾留给人们无数形象的赞叹和美谈："小南京""不夜港""三楚雄关""五溪之巨镇，百里之边城""有心上浦市，无心过江东""百羊千猪万担米，水泄不通犁头嘴""满河绿水满河船，满镇商号满镇人""一条包袱一把伞，来到浦市当老板"。

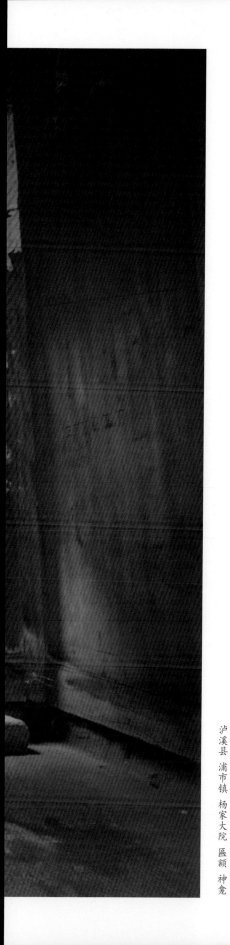

泸溪县 浦市镇 杨家大院 旧时家具

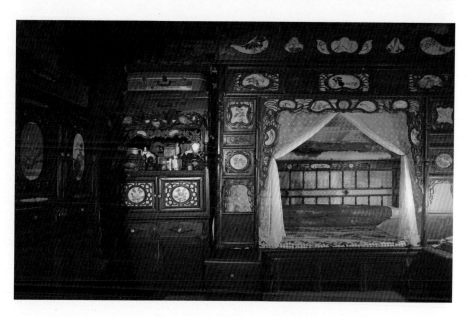

泸溪县 浦市镇 杨家大院 厢房木雕床

泸溪县 浦市镇 杨家大院 匾额 神龛

　　被时光浸渍的窨子屋，今天依然和人们相依相伴，每片砖每片瓦，每根廊柱每个花窗，桌子椅子、神龛匾额，还有那贴满墙上的旧报纸，都散发着陈年醇香的独特味道，它们的后面都隐藏着一出人生的剧目，都值得去细细品味。

泸溪县 浦市镇 杨家大院 木雕窗花

　　和许多的古镇一样，今天的浦市已经不复当年的辉煌，却留下了丰富
可寻的时光痕迹。虽然江边只剩一个渡江码头，早已看不到昔日的繁华与
喧闹，但历史留下的沧桑印痕却领引着我的镜头去慢慢找寻。

　　杨家大院在一深巷里，且极少开门，我去了浦市四五次才碰见一次进
屋的机会。天井四合院保护非常好，家具依然是半个世纪前的模样。

泸溪县 浦市镇 杨家大院 旧家什

泸溪县 浦市镇 杨家大院 旧家什

泸溪县 浦市镇 杨家大院 旧家什

龙山县 里耶古城

里耶：满街飘来的历久弥香

里耶，原本沉睡在武陵山腹地很是偏僻的酉水河边，只因 21 世纪初的一场挖掘，让这座小镇的秦风秦韵重现于世，并被外界愈来愈多的人所了解，于是越来越多的人慕名前来，来寻找千年流传下来的韵律，来倾听千年传唱的歌谣，来抚摸岁月雕磨的痕迹，来品味弥久留香的美味佳肴……

第一次来里耶是 2006 年，当时那几口古井还裸露在野外，工作人员正在进行秦简清理。河岸边的渡船上已经有了大大的"秦简"字样，那是在向世人昭示这座史上曾经辉煌的古城。4 年后，里耶秦简博物馆建成并对外开放。十几年间我多次来到这里，不仅仅是因为"秦简"，而且是来感受里耶那浓烈的历史文化氛围和周围的好山好水。

在秦简博物馆三万多枚简牍中，见到了一枚"迁陵洞庭郡"的简牍，这是秦简博物馆的镇馆三宝之一。"迁陵"是里耶 2000 年前的名称，"洞庭郡"则是当时秦国的一个郡。司马迁《史记》载，秦始皇统一中国后把天下分为 36 郡，但却没有洞庭郡。司马迁写《史记》时居然漏掉一个洞庭郡，里耶简牍的横空出世，无疑在改写以往历史的定论。

据里耶秦简记载，2000 多年前，洞庭郡下辖的迁陵县在秦始皇时有 55534 户，共30 多万人。当时秦代全国仅 2000 万人，地处秦朝边区洞庭郡下属一个县的人口数，竟如此之多，可见洞庭郡在当时是属于人多的大郡。

这里有神奇的自然风光和独特的民族风情，由于交通不便其经济文化一直较为落后，直至清康熙年间始建街道和码头，清雍正年间设置里耶塘，并渐成集市，一度繁荣。临江而建的里耶古城，紧靠酉水，有夯土城墙、护城河、房屋建筑遗址，多座古井则分布在古城内外，共同形成了一个完整的古代城市系统。

里耶的历史有两个辉煌时期：一是战国和秦汉时期，二是清代。古街基本成形于清代初期，繁荣于清代中期。史载里耶"雍正七年，始辟墟场"，因临酉水河，及至清光绪年间，商铺林立，蔚然成为大市，大体形成了保留至今的基本格局。

如果说早期的里耶城是为军事而构筑，那么后来的里耶则是因商业而兴。在清代雍正以前，里耶土著人以土家族为主，清雍正七年（1729）以后取消了"汉不入境"的禁令，从此大量汉人迁入里耶经商，先后兴修了多条商业街和多栋住宅，以及文昌阁、万寿宫、关帝宫、水府宫等。

夜晚，船上渔火与岸上万家灯火交相辉映，无疑这是湘西边城里耶独有的景观。

　　站在古城护城河堤眺望，一边是一幢幢青砖黛瓦的古式楼房屹立在街道两旁，一边是渡船码头，青青的酉水河绕着古城悠悠流淌，大小不一的船只在江岸边停泊，构成了"满镇商店满镇人，满河绿水满河船"的美景。岸边的老人们说，过去酉水沿岸有上、中、下三处码头，每天在这里停泊的船只有100多条，大船走下水，跑常德、汉口，中号船去保靖、沅陵，小船则是上水船，去秀山和西阳。

龙山县 里耶古城

龙山县 里耶 酉水码头

  里耶是一个土家语名，是"开拓这片土地"的意思，因土家先民在这块土地上由渔猎转向农耕而得名。里耶古城位于酉水河边，为战国末年楚人所筑，后为秦人占据并主要为秦人使用，废弃于西汉初年即2200年前。位于湘、鄂、渝、黔四省市交界处的里耶，曾与王村、浦市、茶峒并称为湘西四大古镇，也是湖南境内唯一一处既传承了秦汉文化，又融合了巴蜀文化、土家文化的古镇。

龙山县 里耶 老街

里耶有着神奇的自然风光和独特的民族风情，由于交通不便其经济文化一直较
为落后，直至清康熙年间始建街道和码头，雍正年间设置里耶塘，并渐成集市。

龙山县 里耶 商铺

里耶现在保存下来的还有稻香街、万寿街、江西街等七街六巷五行，这些街在清代就已经有了。考古专家考证，从古城出土的建筑材料、陶片、青铜兵器以及生活堆积物来看，里耶应是战国时期楚国修筑的军事城堡，用来开疆辟土和抵御秦国的进攻。战国末年，秦国大军从乌江流域攻入酉水流域，楚军被迫东迁，这座古城从此被放弃。

临街建筑的房屋大多是前店后家两进式三开间的木房子，每户之间均建有码头形的青砖风火墙，大户人家更是庭院深深的窨子屋即常称的风火桶子，大小商铺鳞次栉比，商号招牌颇具古风。

龙山县 里耶 名宅

据说里耶繁盛时，街巷内油榨坊、染坊、银铺、酒坊等作坊众多，各地商会、船工会、汉剧社云集。老街的建筑风格多以当地土家族建筑为主调，同时又融合了赣、苏、皖、浙以及西洋等的建筑元素，形成了独有的多元特色，其中瞿家大院"作赋名家"最有名。

江垭：九溪卫的岁月留痕

张家界的自然风光是家喻户晓，却少有人知道张家界还藏着一座千年古城——九溪卫。就历史遗存而言，张家界慈利县江垭镇的九溪卫算得上一个有"岁月穿越"感的古城。

似一张弯弓把古城拥抱。一湾碧绿潆水绕城而过。江垭镇九溪是座古老"边城"，因周边有大壑溪、索水溪、冷水溪、鲁阳溪、仁石溪、张马溪、输赢溪、喝堡溪和斗溪九条溪流汇集于此，故得"九溪"此名。九溪卫古城三面环水，北靠武陵山余脉。三国时为荆州之地，周末属楚，秦时属黔中郡，汉为充县属之，永安六年（406）由充县改为临澧，晋时分属澧阳，归天门郡。隋朝后的唐宋时属慈利，明朝时隶属于湖广都司使，故九溪卫又称"湖广九溪卫"，名声很广。

九溪卫城保存不少历史建筑：兴国寺、文昌阁、文庙。兴国寺共有五进和两口明钟。历代文武官员、迁客骚人游此，多有题咏。据说过去的九溪卫曾引来不少文人学士，他们常来九溪游览名胜，或凭吊今古，且留有诗文。最著名的明代吏部尚书郎陈世蕴巡视九溪时，登上南楼远眺，咏《登九溪城南楼》诗，称九溪"饶歌鼓吹咽江流，小队元戎此胜游；天设画图山远近，地蒸岚气树沉浮"。九溪出了不少历史名人：周叙，明工部尚书，诰封资政大夫。李应祥，卫学武生，明朝官至四川、贵州总兵，世袭骑千户。唐仁，明末在浙江抗过倭寇，朝廷赐封镇国将军。安长太，清军绿营将领，清末官至湖南永州镇总兵，朝廷赐封骠骑大将军，追赠一品封典，给予谥号，从优议恤，入祀昭忠祠。安宏鸾，朝廷封"大夫第"，晚清名宦，子世袭职，升清军府盐运使。原九溪卫城分司衙门旁竖立有石碑一块，上书"文官下轿，武官下马"八个大字，今存。

在江垭偶尔得一史料趣事，《九溪卫志》记载："谭添麟，安仁人。洪武二十三年（1390）奉旨移镇九溪，同时奉旨率部屯田、采木伐石，始筑卫城。"谭添麟六岁随父从江西卢陵府吉水县迁至湖南衡阳郡安仁县。谭曾于明洪武年间做过九溪卫指挥使即最高军事长官。九溪卫古城最初就是谭添麟率军构筑的。谭添麟年轻时为明太祖护卫亲军，历任湖广行省参政，管军百户、千户、本卫千户所、正千户、指挥使等职，为世袭军职。明成祖甲申年（1404）卒，归葬安仁宜溪。朝廷赠百户篆、护国将军，赐禄田数百顷于澧州青泥潭，世袭缨，其子孙奉旨落籍澧州，世袭左所千户。

我是安仁人，算是谭添麟本家。自然对此饶有兴致。巧的是记得十几岁在安仁县一中读书时，校园一墙角有座荒芜的古墓，墓碑上刻有"谭添麟"三个字。安仁一中的前身是宜溪书院，由当时知县谭崇易于明末清初创建。而谭添麟死后又归葬于安仁宜溪。不知这谭氏知县是不是与谭添麟有一脉关系。无从考究不得乱猜。不管怎么，让我颇有收获的是在拍摄湖南古村镇时，意外地在湘西这块神奇地方发现了来自家乡的当朝名将，且给当地留下了一座让世人惊骇的古城。不知是出于好奇、有幸还是使然，感觉应该把这段故事写下来，也算是对自己家乡这个小地方的一种记忆！

慈利县 江垭镇

慈利县 江垭 九溪卫城 北城门

慈利县 江垭 九溪卫城 南城门

　　九溪设卫之后清康熙元年（1662）朝廷为进一步巩固卫城，从湖北安陆调兵进驻九溪城。军中有四十八家官吏，见此地风光秀丽，交通方便，遂定居于斯，至此九溪卫越加地兴盛。卫城堡占地约37万平方米，城墙周长约4000米。城墙用石块和砖头叠就，"周九里十三步，高丈八尺"，四方皆有门楼：东朝天门，南迎熏门，西镇边门，北拱极门。

　　《九溪卫志》及史料记载：九溪卫府起源于土家族"索口寨"。北宋时期，土家先民在此地修筑"索口寨"，立栅为城。明洪武二十三年（1390）设置"九溪卫"，朝廷用以统治澧水流域少数民族。同年，九溪卫指挥使即最高军事长官谭添麟率军立营扎寨，采木伐石，始筑卫城，创建卫署。以土治土，成为当时管理大湘西最重要的门户。

　　九溪卫城作为古代军事设施使用达300多年，在南方实是少见。养在溇水河畔的这座古城，自然滋润着这方富有特色的土家族子民和这里的特色民居。就古城而言，九溪卫建筑规模在湖南当首屈一指。南北城门现仍保存完好，底座用石条砌筑，青砖卷顶，南城门外侧刻有"迎熏门"匾额，北城门为双层构建，选料、砌法考究，坚固牢实。北边残留长达千米的城墙全用石头、砖块垒就。城内主干道布局成"十"字形，分别称东、西、南、北街，排水系统保存完好，现在仍在使用。如果踏上九溪石板古街，仿佛进入悠长的时光隧道。

慈利县 江垭 老街

　　九溪卫古城呈弧形，东、西、南三面被一湾碧绿溇水环绕。南面与江垭集镇城区仅一河之隔，不知在什么时候架的一道铁索吊桥，将一江两岸连接。

　　从九溪卫古城出南大门过吊桥，可以直接来到江垭古城镇。隔河相望的江垭老街，因地处索水、溇水交汇为溇江垭口而得名。江垭古街自溇水河边依山而建，蜿蜒曲折，连绵起伏，街道全用麻条石铺筑，丁字街至兴隆街保存基本较好，石级踏步时上时下，街道两侧有不少商用"窨子屋"，全为前店后院式院落，大多为两层。老街之中的地名、街巷名、建筑物名，依然谓之旧名，至今还保留有写在墙上的老商号名。

　　在卫城街巷绵延民居中，可见百年老宅、木雕窗、风火墙等留存下来的明清时期土家建筑。这些明清时期的民居，以木构风火墙结构为主，沿街巷而建，其中安家院子最著名。兴国寺梅花殿为唐宋时期的木构建筑，保存良好。

怀化市 托口 沅水码头

托口：一座被淹没了的历史古镇

洪江古商城的摄影朋友告诉我，2008年托口电站大坝动工，托口古镇要进行整体搬迁，于是几年内多次去那里，用镜头匆匆记录了这座在时光中浸泡并且即将被永远淹没了的千年古镇。

托口得名：一曰，沅江、渠水在此汇合，两水互为顶托，形成一个"托口"，故名托口。二曰，800年前当地首领杨素造反，被官兵追杀砍掉下巴，杨素仍手托下巴奋力血战，故得此名。托口古称"郎溪"寨，自唐贞观八年（634）设县以来，已逾千年。

明清以来，托口就是湘黔两地重要的商贸交易驿站，码头是最热闹的地方。托口的码头与老街一并临河而建，每隔百十米就有一个，有15个之多：万寿宫码头、郭家码头、新街码头、杨公庙码头、丰家码头、郑家码头等一字摆开。从各码头上来都可以走到用青石板铺成的河街上。后来虽然陆路交通发达，看不到往日扎排排和船工吆喝的壮观场面，但每天来往两岸的渡船还是不少，尤其是遇上赶集那天，人声鼎沸，热闹非凡。站在托口的码头，很容易联想到当年这里作为通往沅水重要节点所经历的繁华程度。

这里的窨子屋与洪江、黔阳的窨子屋相差无几。据说当年托口有商号、店铺、作坊、会馆、豪宅和祠堂300多个，其中最具势力的是四大会馆、八大油号。由于有木材、桐油两大支柱产业，各行各业的商家闻风而至，争相抢占黄金码头，建作坊，开商铺，修宅院。民国十五年（1926）前后，竟奇迹般形成了"九街十八巷"的繁华局面。这些窨子屋多为清代和民国时期修建，或青砖黛瓦，或灰墙斗拱，或飞檐翘角，均有着鲜明的湘西本土建筑符号。一砖一瓦，一街一巷，既承载着它的历史，又记载着它的文明。

托口有八大祠堂，即粟家、瞿家、蒋家、张家、赵家、唐家、杨家、邓家，四大会馆和多家商号、油号，其中"刘同庆油号"是托口最有名的八大油号之一。托口历来以做桐油和木材生意著称。据县志载，明末清初，大量油木商贩看准托口上通云贵、下连沅水达汉沪的地理优势，纷纷前来投资，使托口成为桐油、木材的集散地，在这里装码头，出洞庭，下长江，托口也因此而兴。

2013年12月，朝阳寺最后一座古建筑被拆毁。2014年2月8日，托口水电站正式关闸蓄水。这个因沅水而生的古镇永沉江底。面对此场此景，不由地生出滴滴感慨：对于一个曾经世代生活过的地方，当这座古镇临将淹灭，并且与她挥手作别的时候，恐怕任何人都会有一种莫名的难过，因为告别的不是一个普通的地方，而是一座有着历史积淀的千年古镇和属于这座古镇世代人生活眷恋过的生命家园！

托口新镇位于老镇以南3公里的山坡上。短短的几年间，托口建起了一个新镇，也拆毁了一个古镇。自从托口电站注水后，有好几年没有再去托口，最后一次去托口是2018年6月12日，映入眼帘的是一片宽阔的湖面。

从2007年至2013年间几乎年年都要来到这里，为的是抢拍这座千年古镇。站在水库堤岸，我在想，人类的电竟有如此重要？非要将自然与历史颠覆吗？千帆过尽，浮华成烟。"昨夜繁华几许，尽随沅水东去，春花秋实数度，陡留青石风痕。"

怀化市 托口 沅水码头

怀化市 托口 沅水码头

　　杨公庙码头是托口桐油木材集散地的第一水陆码头，传说杨公菩萨是沅水
的河神，他生在托口，造反朝廷，战死于沅水。每逢杨公菩萨的祭祀日，对面
的大殿便香火缭绕，信徒云集，戏楼会上演"降杨公"一类的戏。

怀化 托口 老街

踏进细雨中的"九街十八巷",踩着光滑平溜、泛着青光的石板路,或立于屋檐下,或站在店铺前,望着打着伞挑着担子的路人从身旁掠过,很像一幅纯美的油画。只是繁华不再,巷子多显冷清。

很难想象,在沅水上游的青江河畔的小镇上,居然还保存着一座西方文化传过来的基督教堂。

怀化市 托口 教堂

399

怀化市 托口 老街 制秤

怀化市 托口 老街 理发

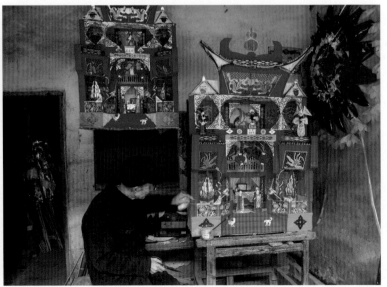

怀化市 托口 老街 扎纸店铺

怀化市 托口 老街 铁铺

怀化市 托口 老街 寿木

怀化市 托口 老街 碑刻

怀化市 托口 老街

这是沿江而建的老街，一色的青石板，两边是木板门铺面。当这座古镇面临整体搬迁拆除时，这条千年老街街面也随之变得格外的冷静、无奈与落没。

怀化市 托口 老街 婚嫁

怀化市 托口 老街 婚嫁

　　2012年春节，托口古镇，一对男女迎婚嫁娶，女人坐着轿子，男人骑着骏马，在众亲的簇拥下，欢天喜地走行于闹市老街，穿过古巷，这是托口古镇上演的最后一场花轿迎亲曲了。

辰溪县 船溪驿村 窨子屋

编后语

用一生去专注一件事难以做到，但用 10 年或 15 年去专注一件事是可能的。湖南古村落《湘魂的摇篮　湘东古村》和《湘魂的摇篮　湘西古寨》两本大型摄影纪实画册，算是我这十几年间专注的一件事。

第一张拍摄湖南古村落的照片是 2006 年 3 月，用全部的精力去拍摄是 2011 年退休后，几乎是不计得失与成本、不畏艰辛与困苦进行拍摄，有的村落去了四五次之多，大多时间都是泡在乡下，跋山涉水，严寒酷暑，风霜雨雪，乐此不疲。

拍着拍着，古村越来越少，老屋和老人渐渐地远去，自己也拍老了，许多场景已经不复存在，于是试着编几本册子。

15 年坚守，80 多个县，800 多个古村落，几百张光盘，数万张照片，是湖南古村的流光记忆。两本书共选了 156 个古村寨，其中湘东 81 个，湘西 75 个，800 多幅图片，24 万文字，记录湖南古村落的山水环境，村落布局，建筑特质，历史遗存，以及风土风情，生存状态，生命场景，等等，想以此展现湖南古村的历史文化尤其是湖湘文化之精神源头，故取名"湘魂的摇篮"。

2019 年湖南省文化厅举办"湘魂的摇篮·湖南 100 个古村摄影书画展"，得到社会强烈反响，业内人士称我是"湖南古村摄影第一人"。著名画家刘正黔先生为我画了幅生动漫画，取名为《我本色（摄）狂》，但凡看过之后都连连叫绝。长沙大胡子作家彭国梁先生也以《摄影狂人谭建华》为题撰文发表，我不能说是当之无愧，但可以说是实实在在执着地做了点事。

编书更非易事，要从那么多古村照片中选出符合主题的片子，无疑又是一次耗脑工程。选什么样的照片？照片与照片之间如何有序排列？写什么样的文字？照片与文字之间如何组织搭配？是我进入撰写状态最用心也最为难以取与舍。

记不清是哪位著名摄影家或策展人说过，摄影师要拿出三分之一的时间来整理照片。还有两个三分之一：拍摄与学习。在这个时候我才真正认识到整理和学习是如此重要。其实整理也是一个思考、学习与提升的过程，摄影师只有不断地学习、吸收、提升修为，让自己的素养达升一定的境地，才有可能把看似平常且普普通通的一张张照片有机有序地编纂成一本较高质量的册子。如同洒落一地的珍珠，只有把它精巧地串起来才能成为一条光彩夺人的项链。

照片是作品，书亦是作品。尽管我把编纂的这书视为自己的作品，因水平所限展现在您面前的或许并不让您满意甚至有些遗憾，它或许不是专业摄影人所期望的那种有强烈视觉感的摄影作品，或许也不是文化人所盼求的有着丰富文学语言的文学作品，更不是史学家们想看到的古村翔实资料的考究与佐证。这里纯粹是一个摄影爱好者用普通人的视角对消失与正在消失的村寨的一种实录，并赋予图片少许浅显文字说明与拍摄时的情怀而已。

许多摄影朋友建议将照片后期加工，然我只是将拍摄的 R 格式原图转化为 T 格式，对明暗做了些调整或转成黑白片，其他并未进行处理，目的是想保持一份原始与真实，以至于有的图片连电线杆甚至垃圾都仍留着，无疑对画面有种不净的种种遗憾。

书中的文字占有较大的篇幅，不仅仅是每一张图片有故事有历史印痕，而且图片及其背后蕴含着诸多信息，而这些信息又在图片以外且又与之相关联，故不得不用文字去诠释，如古村落的沿革变迁、山水环境、历史文化、建筑装饰，以及族群传承，等等。这些文字大多源于我拍摄日记中的实际调查与现场感悟，有的资料源于村落史料（主要是族谱）与网络的相关信息。这些无疑充实并丰富了本书的史料性、趣味性，甚至提升了它的史料价值。需要说明的是因文字汇集的多有不便，所引摘的文字书中并未一一注明，敬请谅解。

本书出品：柏青堂。在此要特别说明。柏青堂是一个探寻湖南古村历史文化的摄影书画群，聚集的是一群老有所乐、老有所为、酷爱艺术、热心古村的书画摄影雅识之士，他们为保护湖南古村落、探寻湖湘文化以及湘魂的源头，倾其生命余热。

特别致谢：黄向军、张继红、王艳玲、周柯章、黄丽纯、李叔珍、吴希平、何海燕、刘正黔、吴纯、龚振良、叶瑞溪、冯铎、顾湘东、何家玉、慎甫祥、汪淮海、黄迪文、冯丽、潘志佳、唐建亚、杨苗、戴红霞、匡红霞、张敦志、张寒烟、陈杰、罗文基、鲜于圣哲，以及湖南地图出版社编校人员……他们或在拍摄时伴我走村串寨，甚至风餐露宿；或在拍摄、编纂、设计、文字校正、出版发行等方面给予鼎力支持与帮助，包括经费方面的支助。还有我的家人，还有那些不知姓名、老实善良的乡里村民：有的雪中为我带路，有的雨中为我撑伞，有的黑夜为我打电筒，饿了给我煮几个鸡蛋、烤几个糍粑、蒸几个我最爱吃的红薯……

温暖中总让我生出几分感动，谢谢你们！

谭建华
2022 年 3 月于长沙

湘魂的摇篮 湘西古寨

谭建华 著

摄影大家眼中的湖南古村落

村落格局　建筑特色
生命场景　历史遗存

湖南地图出版社